提升幼儿教师归属感的 实战案例

郑洪玲　主编

中国农业出版社
北　京

图书在版编目（CIP）数据

提升幼儿教师归属感的实战案例 / 郑洪玲主编 . —
北京：中国农业出版社，2019.10（2020.4 重印）
ISBN 978-7-109-25820-4

Ⅰ. ①提… Ⅱ. ①郑… Ⅲ. ①幼教人员－师资培养－研究 Ⅳ. ①G615

中国版本图书馆 CIP 数据核字（2019）第 177287 号

提升幼儿教师归属感的实战案例
TISHENG YOUER JIAOSHI GUISHUGAN DE SHIZHAN ANLI

中国农业出版社出版
地址：北京市朝阳区麦子店街 18 号楼
邮编：100125
责任编辑：马英连
版式设计：杨 婧 责任校对：吴丽婷
印刷：中农印务有限公司
版次：2019 年 10 月第 1 版
印次：2020 年 4 月北京第 2 次印刷
发行：新华书店北京发行所
开本：700mm×1000mm 1/16
印张：9.5
字数：200 千字
定价：38.00 元

编者名单

主　编： 郑洪玲

副主编： 龙美丽　李春红　张淑阁

编　者： 张艳军　赵　颖　赵新娜　卢　飞
梁　莹　胡筱爽　范大昆　王雪莲
刘艳枫　杨　娜　李月新　季苏娅
王小文　阎美玲　赵会颖　郭媛霞
刘丽华　武爱琴　张宏伟　徐学艳
何晓丽　张　颖

序

强国需强教，强教需强师。幼儿教师的职业情操和专业素养是影响学前教育事业发展的关键。我国学前教育事业的发展历经波折，幼儿教师群体长期处于社会地位不高、收入不高、专业素质不高的“三不高”境地，其社会心理层面也因此表现出职业认同感低、职业幸福感低、职业归属感低的“三低”状态。幼儿园的教师数量一直处于短缺状态，究其原因：一方面，“全面二孩”政策与国家对于学前教育毛入学率的追求，刺激了幼儿园学位的供应量，增大了教师数量的缺口；另一方面，低职业归属感和低职业认同感，又让更多的人才“不进来”，优秀人才“留不住”。

涿州市第二幼儿园的教师队伍是一支不安于现状、力求发展且极具反思精神和学习能力的团队。她们秉持严谨的科学态度，采用理论探索与实践研究相结合的方法，基于园所实际又关注未来，不断寻求一种通过团队活动的方式提升不同发展阶段幼儿教师归属感的途径。可以说，这一探索具有很强的实践应用价值和一定的理论研究意义。研究的本身即是行动的过程，行动的过程也是研究的结果。

教师的归属感需求是一种生理、心理的全方位需求。通过持续的、有重点且分层次的团队活动，让每一名教师在不同程度上将自己与幼儿园联结起来，感觉自己被幼儿园接受与认可，增强教师对幼儿园的认可、依恋、寄托与融入状态，密切教师与幼儿园之间的关系，并在一定程度上有效规范教师行为，引导教师将幼儿园发展与自身发展结合起来，最终促进教师队伍的稳定和幼儿园教育质量的提升。

本书前期的研究思路和方法值得广大幼儿园在开展课题研究或教育研究的过程中进行借鉴。尤其是详尽清晰的各类团队活动犹如他山之石，可以直接供同行经过“园本化”以后去实施开展，并对实践过程进行评价。

愿每一位幼儿教师能够“心中有爱，眼里有光，爱岗敬业，视园如家”。在积极向上、温暖共生的团队中不断提升自己、照亮他人。

首都师范大学副教授、硕士生导师　夏婧 博士

2019年5月于北京

前　言

今时今日，“全面二孩”政策对幼儿教育提出了更高的要求，新闻曝光的一些师德不合格幼师的行为也给幼儿教师这个行业带来了巨大的压力。幼儿教育的快速发展已经成为社会发展中浓重的一笔。发展幼儿教育，幼儿教师是关键。幼儿教师的专业素养和良好的情操在教育发展中起到了决定性的作用。作为幼儿园的管理层，必须要思考如何才能让幼儿教师拥有健康的身心、良好的素质。培养拥有自我认同、职业认同、职业归属感的幼儿教师的重要性已经不言而喻，培养的途径也各不相同。

涿州市第二幼儿园经历了35年的成长，教职员工从20名发展到140名，园所也发展壮大为一所总园、三所分园，共六个园区的规模。与此同时，各教研团队的设置也随之增多，教职员工，尤其是一线教师囊括了60后到90后，不同年龄阶段的教师的认知水平差距很大。如何才能稳步提升教育教学水平，发掘教师强大的内驱力，使教师更加自主、自信，乐于承担、快速成长？团队建设已然成为幼儿园发展过程中首要考虑的问题。本着以人为本的方针，通过对幼儿园教师的观察及访谈，我们了解到教师不仅需要专业技能方面的认可和鼓励，更需要在心灵上与园所渗透联结，也就是实现职业的归属感、幸福感。这种归属感的强弱直接影响教师的工作进取程度，进而影响幼儿园的教育质量。

本书是课题“依托团队活动提升幼儿教师归属感的实践研究”的研究成果，此课题在首都师范大学副教授夏婧博士的指导下，经过调研，将设计实施的团队活动分为文化活动、专业活动、心理活动三类，并列进行，各有侧重点。实践即研究，过程即成果。在各类团队活动的实施过程中，课题组收获了教师们在每一次活动之后的感悟与成长，看到了教师们工作状态的改变与提升。课题研究给予幼儿园管理层发现教师内心，助力教师心灵成长，促进其归属感的提升等方面的策略指导和探索空间，促使教师“不待扬鞭自奋蹄”，实现教师“视园如家”“自带光环”“爱岗敬业”的园风园貌，也促使涿州二幼这个大集体努力做到了青蓝双馨，同心同德。

希望有灵魂的团队活动能帮助教师释放内心的能量，让教师们在一个有爱、有温度、共荣辱的集体中舒适地工作、健康地成长吧！

今将“依托团队活动提升幼儿教师归属感的实践研究”课题的研究成果结集成册，作为幼儿园实践经验的总结。同时，也希望能给姐妹园一些团队建设方面的启示，如果能帮助到您，那我们也就自觉余香在手了。

郑洪玲

2019 年 6 月

目　录

第一章
幼儿教师归属感的基本问题

幼儿教师在归属感方面存在哪些问题呢？研究人员根据幼儿教师归属感的概念以及发展规律，查找出幼儿教师在职业归属感方面普遍存在的问题，并找到与之契合的提升方法与策略——团队活动。一个人在集体中获得的情感是无法替代的，其激励作用也非常强大。

在幼儿园，教师的归属感直接影响幼儿和幼儿园未来的发展。同时，幼儿园是教师工作的重要场所，教师在幼儿园中能否获得归属感直接影响到他们工作和生活的方方面面。国内外对归属感的研究已有几十年的时间，大多集中于归属感的概念、测量、现状分析和影响因素上，对于提升策略涉猎不多，有关利用团队活动提升幼儿教师归属感的研究尚属空缺。本章就幼儿教师归属感的含义、特征、提升幼儿教师归属感的迫切性、意义、研究路径和研究的理论依据进行一一阐述。

一、幼儿教师归属感的含义

（一）归属感

归属感也称隶属感，是个体对自己有所隶属的一种心理体验，强调个体的自我感知，是个体被接纳和认同而产生的感觉。

（二）幼儿教师归属感

幼儿教师归属感是幼儿教师在园所长期工作、互动、交往的过程中，受园所环境和园所管理的外因作用，在思想上、感情上对园所和个体产生的认同感、公平感、价值感和工作使命感。幼儿教师归属感具有幼儿教师的自主性，一定程度上，幼儿教师在园所提供的各种平台中，通过自己的努力奋斗获得成绩，即增强个体对自己的认知，提升个体的素养，又对园所发展有推动作用。它是教师长期工作积极性的沉淀、凝聚与升华，是教师对园所发展深层次上的心理反应，是主人翁意识的表现，是一种积极的心理感受。本书所指的园所环境是基于园所环境创设的适宜开展团队活动的人文环境和物质环境。

二、幼儿教师归属感的特征

在心理学上，通常将归属感定义为个体将自己归属于某一团体，并对此团体产生亲切和自豪的情绪体验。归属感具有以下特征。

（一）归属感是一种态度

20 世纪 80 年代中叶，美国西北大学商学院心理学家提出，归属感是人们对自己工作持有的态度。一般来说，归属感越高的员工对自己的工作越积极，投入越多，主动性越强，同时效率会比较高，而归属感低的员工对工作持有消极态度，会呈现较多的推卸、逃避行为。

（二）归属感是一种寄托

1998年夏天，美国密歇根大学的研究员对31名严重抑郁症患者和379名社区学院的学生进行问卷调查，问卷内容主要集中于寂寞感、社会活动范围、冲突感和生理上的归属感等问题。调查发现，归属感是一个人是否可能患抑郁症的最好预测指标。归属感不强的主要表现为：在工作过程中缺少激情、缺乏责任感、不善社交、朋友少、没有兴趣爱好、业余生活单调等。所以他们总结：归属感是一种寄托，更是一种社会角色的选择问题。

（三）归属感是人类的一种基本需求

美国心理学家马斯洛1943年在《人类激励理论》中提出了“基本需求层次理论”，指出归属感是人类的一种基本需求。根据马斯洛的理论，人类的需求是分层次的，从底层到高层依次为生理需求、安全需求、社交需求、尊重需求、自我实现的需求。其中，生理需求是人类维持自身生存的最基本需要，包括食物、空气、住房等；安全需求是人类要求保证自身安全，免遭痛苦、威胁和疾病等的需要；社交需求指人类需要爱、感情和归属感；尊重需求分为内部尊重和外部尊重，内部尊重为自尊、自主，外部尊重是指地位、认可等；自我实现的需求是人最高层次的需要，指人要求发挥自己的潜能，实现自我价值。“归属和爱的需求”是人重要的社交需求，只有满足了人的这一需要，个体才有可能追求更高层次的自我实现的需求。

（四）归属感是一种关系现象

1992年，Hagerty等人提出归属感是一种特殊的关系现象，将其定义为“在某个系统或环境中，个人投入的体验使个体感到自己成为这个系统或环境中不可缺少的一部分”，并且归纳出归属感的两个特征：一，它是一种生理感受，感受到他人、集体或者环境重视和需要自己；二，通过与他人的合作与分享感受到和谐。

（五）归属感是一种生理表现

Hidalgo等人认为归属感的基本含义是保持与所属“物体”的亲密程度。指个体与所属群体间的一种内在联系，是某一个体对特定全体及其从属关系的划定、认同和维系。它属于文化心理范畴的概念。

（六）归属感是一种状态

归属感是员工所处的一种状态，在这种状态下，个人认同某个特定组织的目标及价值观，有把实现和捍卫组织利益与目标置于本人或所在小群体直接利益之上行事的意愿，并希望能维持其成员身份，以促进组织目标的实现。

三、提升幼儿教师归属感的迫切性

《幼儿园教师专业标准（试行）》把教师的基本理念、师德、能力、终身学习提到了首位，并将其作为幼儿园教师的基本素养。2016 年 1 月 1 日，我国正式实施“全面二孩”政策，2016 年我国出生人口明显增加，达到了 1 786 万，是自 2000 年以来人口出生最多的一年。2017 年是国家实施“第三期学前教育三年行动计划”的开局之年，是《国家中长期教育改革与发展规划纲要（2010—2020）》关于普及和推进学前教育的关键之年，同时也是学前教育由外延式规模发展向内涵式质量建设过渡的重要时期。根据《国家中长期教育改革和发展规划纲要（2010—2020）》，2015 年学前三年毛入园率应达到 62%。实际上，2015 年在园人数达到 4 264.83 万人，学前三年入园率已达 75%。2009—2015 年在园人数持续增速，预计 2020 年学前三年毛入园率将达到 90%～95%，由此带来的是 3～6 岁幼儿入园需求大量增加，对幼儿教师的需求量也相应地大量增加。随着教师数量的快速增长，基于幼儿教师队伍不稳定的现状，新问题逐步凸显，那就是教师队伍的质量如何？如何管理快速扩大的教师队伍？无论从专业水平的提高还是从心理健康发展的角度，这些问题都对幼儿园的管理提出了挑战。

（一）现代幼儿教育对幼儿教师的需求

2012 年，教育部出台了幼儿教师培养、准入、培训、考核等工作的重要依据，对教师的专业知识和专业技能提出了更高的要求。①观念要更新。要树立新型的儿童观，将儿童看成一个对社会有积极贡献的贡献者，教师要学会发现儿童，解放儿童，即让每一个儿童的潜能在一个有利的环境中得到自我发展，表现出更好、更和谐的个性。②主导作用要发挥好。综上所述，这些来自国家层面、幼儿发展刚需的高标准、高要求在无形中对幼儿教师的专业水平提出了巨大挑战。

（二）家长对幼儿园师资队伍建设的需求

以对“镇海区学前教育需求”的调查报告为例，调查结果指出，家长及社会对幼儿教师师资队伍的需求取向为：①在选择幼儿园的首要条件上，78.3％的家长把师资队伍的优劣作为选择幼儿园的最主要标准。说明现在家长重视学前教育质量，家长择园意识强，择园标准明确。可见，幼儿园要吸引家长，必须提高师资队伍质量。②73.3％的家长认为，幼儿教师必须达到大专及以上学历，68.5％的家长认为保育员应该达到高中及以上学历，这也是时代发展的需要。③88.6％的家长认为幼儿教师最首要的素质是具有热情、爱心，其次分别为责任心、能力、公平公正、普通话和诚实。由此可见，家长对幼儿园及幼儿教师的要求越来越高。

（三）改善幼儿教师队伍现状的需求

当前，学前教育备受社会的关注，国家也对规范办园提出了更高的要求，高品质的幼儿园最终要通过高质量的幼儿教师来落实。如果说优质的幼儿教师资源是幼儿园可持续发展的筹码，那么优质教师对幼儿园的忠诚和归属感就是幼儿园竞争的王牌。然而，面对各方面的高要求，当前幼儿教师队伍的现状却不容乐观，社会地位不高、工作琐碎、压力偏大，部分教师职业倦怠明显，幼儿教师的归属感普遍较弱。研究发现，幼儿园，特别是管理不规范的私立园所，同工不同酬的现象严重，合同制、临时代课的幼儿教师收入低。教师工作压力大，园所领导要求高，人际关系复杂，身心疲惫等因素都导致教师的园所归属感不高，严重影响幼儿教师队伍的稳定性。目前教师归属感的缺失表现在对所在幼儿园的发展漠不关心，对统一管理抵触怠慢，对单位群体活动不感兴趣，同事关系淡漠等，这不利于整个园所的发展，幼儿教师的归属感亟待提升。

课题组通过调查发现，幼儿园不断地发展壮大带来了园所发展的机遇，同时也有挑战。一方面，管理层复杂化。园所增多导致管理人员的水平参差不齐，不能保证每个管理人员都具备精干的管理素质。另一方面，教师团队复杂化。由于年龄、编制、学历层次的限制，出现了知识基础水平不同、能力表现差异大、岗位稳定性差、个体表现出的归属感不同的问题。

调查结果显示，园所教师的归属感总平均分为 53.43 分，略高于中等临界值 45 分。教师归属感个人总分最高分是 73 分，最低分是 25 分，分值差距为 48 分，说明团队内部的不同教师对团队的归属感差距较大。教师归属感的总平均分小于或等于临界值 45 分的人数总共有 40 人，占总人数的 48.78%，这表明有接近一半的教师归属感水平较低。这与目前现有的研究成果相契合。

四、提升幼儿教师归属感的意义

当前，归属感的缺失是严重的社会问题。对国家而言，归属感的缺失造成爱国主义的沦丧；对企事业单位而言，归属感缺失造成员工消极工作，漠视群体利益，人员流动频繁，不利于企事业单位的整体发展。就个体而言则表现在：社会交往较少，社交范围小，缺少朋友；生活模式单一，生活内容单调，个人爱好少；学习能力不强，不注重个人发展；漠视群体观念，对社会问题不关心；时常感到孤独、无助，极易引发心理问题，产生抑郁情绪。这些个体如果得不到团队的关心和帮助，长此以往，极有可能因心理障碍引发过激行为，对个体身心造成不良影响，进而影响社会稳定。因此，研究如何提升教师的归属感是十分必要的，具有重要的现实意义。

本书从教师的实际情况出发，关注教师的内心世界，分析影响其归属感的因素，促进教师对自身现状的了解，主动寻求提升自己的方法，有助于幼儿园管理者关注柔性管理对教师的影响，依据幼儿园的实际情况，合理调整幼儿园的管理方式，从而提高教师的工作积极性，保证教师队伍的稳定，并最终促进幼儿园教育质量的提升。通过组织实施一系列团队活动，收集团队活动方案，总结实施经验，丰富幼儿园管理经验。

五、提升幼儿教师归属感的研究路径

目前归属感研究主要集中于概念、测量、影响等方面，研究成果相当丰富，为本书的研究提供了思路和理论基础。众多心理学家提出的关于归属感的测量项目和方法使用广泛、信效度较高，为本书前期调查研究提供了重要参考，保证了研究方法的科学性。但通过分析相关文献，笔者发现国内外对于归属感的研究更多集中在观念和认识层面的内容，更多采用的是理论的描述，很少采用实证研究来分析教师的归属感，有关幼儿教师归属感的实证研究更少。

现有文献中，分析教师归属感的影响因素的实证研究更多的是从学校环境、管理、文化等外部因素进行，忽视了教师本身对职业的认同、心理发展等内部因素对归属感的影响作用。由于幼儿教师工作的特殊性，幼儿教师具备较强的感受能力，体验式的活动更适合这个群体。体验式活动是参与者通过自然或结构性的方式获得亲身体验和实践，接着反思发生在自己身上的直接、具体的生活事件，得出抽象、概括的结论，并据此调节、指导自己的后续行为。团队活动恰恰是需要参与者亲身参与并从中获得真实体验的一个过程，只有切身感受才能在参与者身上产生认同感、成就感等积极情感，而这些积极情感必将推动参与者进行自我调整，进而产生积极的状态和行为。

目前，对于教师归属感和团队活动关系的实证研究几乎是空白的，这给本书前期进行的研究带来了极大的挑战，但也带来很大的研究空间。因此本书从实践出发，通过具体案例的实施，探索不同形式的团队活动对幼儿教师归属感培养的有效策略和领导管理的有效策略，研究成果不但有利于本园教师归属感的培养以及团队建设的发展，还有利于其他园所借鉴参考。

六、研究提升幼儿教师归属感的理论依据

（一）人类需求理论

美国心理学家马斯洛 1943 年在《人类激励理论》中提出了“基本需求层次理论”，指出归属感是人类基本需求的一种，他把需要从低到高分为生理需求、安全需求、社交需求、尊重需求及自我实现的需求五类。本书认为，基本的人际交往和群体融合是幼儿教师获得归属感和生活快乐感的重要前提，由此提出归属感需要理论。该理论是从激励和自我实现的角度来探讨组织归属感，只有归属需求得到满足时，个体的成长和发展才可能得以实现。本书的研究首先对教师团队中的安全需求做了大量的工作，更多集中在社交需求、尊重需求、自我实现的需求等，把归属和爱的需求作为重要的研究方向，从而挖掘幼儿教师的潜能，实现他们的自我价值。

（二）团体动力学理论

1939 年，德国心理学家库尔特·勒温第一次使用了“团体动力学”这一概念。库尔特·勒温将团体视为一个动力整体，团体是一个不可分割的单位，一个团体具备个体所没有的那种动力特征。团体中的成员被组织到一个相互依赖和复杂的系统之中，其中的成员不是相互孤立的个别存在。团体动力由团体的外部环境和团体的内部特征构成，它受团体的目标、愿景以及团体人际关系的一致性影响。团体动力是所有团体成员同一团体目标达成力量的相加总和，

但它却不同于每一个团体成员原始力量的相加总和。由于团体成员之间彼此协助、交互影响和交互促进，使得团体动力往往大于每一个团体成员原始力量的相加总和。由于团体动力的存在，处于团体之中的成员能在团体中发挥出平常不能发挥出来的绩效，从而产生“1+1>2”的效果，这也是团体动力的价值所在。

本书应用该理论是因为本书中有大量的团队活动，幼儿园教师群体是动态而有生命的组织，这一团体具备一个心理场。在团队互动的过程中，会产生影响幼儿园教师个体及整个团体的力量。群体行为的变化过程可以从幼儿园教师个体间的关系以及整个群体氛围中去把握，这也有助于幼儿园教师个体、教师群体和社会三位一体的关系。

（三）体验式学习理论

体验式学习是指通过实践来认识周围事物，将在学习与探究中获得的情绪感受融入自身经验中，并影响原有经验，是影响学习者情感态度与价值观的重要活动。学习者会产生一种渴望学习的冲动，自愿地、全身心地投入学习过程，并积极接触语言、运用语言，在亲身体验的过程中掌握语言。体验式学习适用于多种情境，但在不同情境中其学习目标、内容、过程有所不同。根据学习目标的差异，可以把它划分为三种基本形态：认知体验式学习、情感体验式学习和行为体验式学习。

卫·库伯教授（以下简称库伯）的《体验学习——让体验成为学习和发展的源泉》(*Experiential Learning*：*Experience as the Source of Learning and Development*)，借鉴了约翰·杜威、库特·勒温与让·皮亚杰的学习理论，创造性地提出四阶段的体验学习圈模型。①具体体验：学习者在真实情境中获得各种知识，产生相应感悟。②观察、反思：学习者回顾自己的经历，对体验进行分析、反思。③抽象的概念化：学习者把感性认识上升到理性认识，建构一种理论或模型。④主动检验：学习者在新的情境中对自己的理论假设进行检验。库伯指出，这四个环节分别代表感知学习、反思性学习、理论学习和实验四种最为有效的学习方式，因而体验式学习本质上是一种综合学习。

本书借鉴四阶段体验式学习圈模型以及三种基本形态，依托形式多样的团队活动，让教师在真实情境中产生相应的感悟，并对获得的体验进行分析、反思，把感性认识上升到理性认识，从而提升幼儿教师的园所归属感。

第二章
以归属感提升为目标的团队活动组织类型

团队活动可以根据时间、地点、管理需求零散地开展，但是其宗旨和主线一定是固定的、成系列的。在诸多的团队活动中，可以把以归属感提升为目标的团队活动按照活动内容、学期时间轴、教龄和组织形式这四种不同的维度进行分类，使不同的团队活动在实施过程中目标更清晰明确，各有重点，效果突出。

一、以活动内容为依据进行分类

教师归属感的提升受到园所大环境的文化熏陶，同时受到个人心理健康水平和从事幼儿教育的专业能力的影响。

首先，一个民族之所以能够屹立于世界之林，在于它拥有深厚而丰富的文化。园所能够发展，同样要有丰厚的文化底蕴。一个园所的优秀文化不仅影响着教师的思维方式、工作状态，甚至影响其个人的生活方式，同时对园所的发展起到巨大的推动作用。文化是园所的软实力，一个有着优秀文化底蕴的园所才能不断发展。

其次，幼儿教师的心理健康状况直接影响幼儿教育的成效与结果。由于幼儿期正是儿童人格形成的萌芽阶段，幼儿的心理发展非常不成熟，自我认识和自我控制能力比较差，但是具有比较强的模仿能力，因此，幼儿教师的心理健康程度将会对幼儿的身心健康程度产生最直接、最深刻的影响。

最后，2012 年教育部颁布了《幼儿园教师专业标准（试行）》，其中提出幼儿园教师是履行幼儿园教育工作职责的专业人员，需要经过严格的培养与培训，具有良好的职业道德，掌握系统的专业知识和专业技能。《幼儿园教师专业标准（试行）》是国家对合格幼儿园教师专业素质的基本要求，是幼儿园教师开展保教活动的基本规范，是引领幼儿园教师专业发展的基本准则，是幼儿园教师培养、准入、培训、考核等工作的重要依据。

基于以上分析，以文化活动、心理活动和专业活动为内容来促进幼儿教师归属感的提升。

（一）文化活动

幼儿园文化包括幼儿园的物质文化（物质环境）、制度文化（园规园纪）、精神文化（价值观念和风俗习惯）。文化活动是园所在一定范围内组织的使全体教职员工持有先进的价值观念、文化观念、精神、道德规范、行为准则等的活动。如“我们心中你最美”活动的开展，教师用发现美的眼光寻找身边最美的身影，如专心工作、耐心对待幼儿、真诚面对家长等感人画面通过照片和文字记录展示出来，营造园所积极向上的文化氛围。

（二）心理活动

心理活动是以促进园所教职员工的心理健康、园所和谐发展为目标，使全体教职员工健康生活，保持积极乐观的工作和生活态度，从而提高心理健康水平，更好地适应园所和社会生活，促进园所和谐发展及个人生活和谐的活动。如涿州市第二幼儿园在“融情育爱、共同成长”园训的指导下，努力建设一支有温度的幼儿园团队，努力培养爱生活、悦工作，善钻研、勤思考，乐分享、促共好的教师队伍。因此，“三人心灵成长互助组”的组建得到了教师们的认可和响应，此项活动的目的是通过互助组成员的畅谈愉悦自己，促进心灵成长，散发光芒，照亮他人，为打造有爱、有温度、有光芒的团队播撒种子。

（三）专业活动

以《幼儿园教师专业标准（试行）》为依据，以促进教师具有良好的职业道德，掌握系统的专业知识和专业技能为目标的活动。

二、以学期时间轴为依据进行分类

一般情况下，一个学期按照时间可分为学期初、学期中和学期末。可以依据这三个时段的特点，考虑教师在这三个时段的心理特点和对专业技能的需要，分别设定并组织不同的团队活动。

（一）学期初的活动

经过一个假期的调整，教师身心愉悦，面对新学期充满希望，这时可以开展各种学习类的活动和鼓舞士气的团队活动，来调动教师工作的积极性。如计划学习类的活动——“个人成长计划分享”“新理念的学习”，这类活动帮助教师学习新的理念，注入新的思想，明确学期工作的内容，做到按计划实施。

新学期也是教师与幼儿、家长相互沟通的开始。为了提高教师的专业技能，学习处理自己的情绪和有效沟通，在此时开展心理学习活动也是有必要的。

此外，假期中教师会全身心地投入家庭，因此，在家庭生活中会发生很多故事。在开学初，可以开展“我的家庭故事”“我为××（某位家庭成员）做的一件事”“假期新本领”等类似的活动，为教师搭建在家庭中展现自我价值的平台。因为每个人都离不开家庭，这类活动会让教师感觉温暖，即使家庭中有些小矛盾，也可以通过同伴的分享学习到处理家庭关系的好方法。

（二）学期中的活动

学期中是从新学期第二个月开始到学期结束前的一个月，一般时长为2～

3个月。这个时间比较充足，文化活动、专业活动和心理活动均可以开展。专业活动更多侧重主题性的活动，连续性较强，教师能从中获得更深入且较全面的专业知识，如“学习故事”的系列活动、“我的区域我做主”系列观摩教研活动等。

（三）学期末的活动

学期接近尾声时，教师经过一个学期的工作、学习和生活，会有许多感受和收获，这个时间适合开展一些分享总结活动。一方面，帮助教师们梳理工作的收获，分析发现自己的不足，从而确定下学期的努力方向。另一方面，推出优秀教师，树立榜样，提升价值感。例如，“最美班主任经验分享”活动，为班主任工作创设了交流的平台，教师们互相取长补短，丰富自己的经验。

三、以教龄为依据进行分类

每所幼儿园的教师大都由老、中、青三代组成。由于不同教龄的教师，其基础条件和学习成长需要不同，因此可以将全体教师按教龄结构划分为0～5年新手教师、6～15年成熟教师、15年以上老教师，采取分类指导、梯度培养的办法，使全体教师的业务能力和心理需求在原有的基础上都得到提高，以此提升教师的职业归属感。

（一）0～5年新手教师组的活动

新手教师激情满腔，积极要求进步，但对于园所发展不够了解，教育教学经验不够丰富。尤其是刚刚走上工作岗位的时候，角色的转换、习惯的养成显得尤为重要。因此要通过团队活动使青年教师受到园所文化的熏陶，融入幼儿园的氛围；尽快熟悉一日流程、制订清晰的成长计划，明确自己的成长目标；学习各种专业能力，培养教育教学素养。例如，“90后才艺大赛”这个活动是为90后教师量身定做的。大赛的项目会随着每个学期的工作重点而改变，过程一般为：由园领导组建评委团并制订比赛要求—活动前发放比赛通知—比赛—赛后总结，通过比赛的形式激发年轻教师的工作热情，促进其不断成长。

（二）6～15年成熟教师组的活动

成熟教师介于新手教师和老教师之间，她们工作稳重，不但具备较强的学习能力和研究能力，而且行动力和执行力也相对较强，因此在幼儿园里承担着重要角色和主要任务，是幼儿园的中坚力量。这部分教师有着强烈被认可的需求，因此，可以开展专业方面的学习活动，如“学习故事”的学习，还可以适当承担一些工作，如承担展示课的任务、下乡指导的对外活动，以此给予她们更多的锻炼机会，促进其专业成长。

这部分教师一般都有了自己的家庭，如能很好地处理各种家庭关系会使教师心情舒畅，没有负担地工作。因此，心理活动对这个阶段的教师尤为重要。“心灵工作坊”线下活动就是一项引领教师心灵成长的活动，利用中午或下班时间，在心理老师的带领下进行心灵成长的学习活动，活动能够有效地缓解教师的压力，使教师们学会管理自己的情绪。

这部分教师对于园所文化起着承上启下的作用。传承老教师的精神，向新教师传授方法是他们的重要使命。因此，可以开展“我的工作职责谈心会”，明确自己的工作责任。开展“师徒帮带”系列活动，给予她们带动并引领新手教师成长的机会。

（三）15 年以上老教师组的活动

老教师的特点是敬业精神强，教学经验比较丰富，日常教学扎实，但她们的教育思想相对滞后，接受新生事物也相对缓慢。因此，一是要珍惜她们扎实的教学经验，发扬她们奉献、敬业精神的辐射作用，可以开展“向老教师致敬”系列活动，以此加强老教师的职业归属感和价值感。二是针对老教师的心理和身体健康开展相关的心理辅导或养生讲座等活动，如“关爱自我，提升职业幸福感”“健康食谱”等活动。

四、以组织形式为依据进行分类

团队活动的组织总要依靠一定的组织形式来实现。以活动形式为依据，团队活动可以分为集体活动、分组活动、小组活动。三种形式有各自的优势，也有不足，所以不能只依靠某一种形式开展团队活动，还要根据活动目标来确定活动形式。

（一）集体活动

集体活动的组织者是园所的领导层，参与对象可能是全体教师、全体后勤人员，也可能是全园教职工。集体活动的优势在于培养教师的团队精神，使园所凝聚力更强。同时，园所部门分工比较明确，因此，针对不同部门的团队活动更有针对性，要考虑到参与对象的普遍需求。如园所文化需要园所全体教职工学习、理解，用以指导自己的工作，所以有关园所文化的团队活动适合采用集体活动；学期初和学期末，增强园所凝聚力的团队训练活动适合采用集体活动；保教部门组织的专业学习和分享活动适合全体一线教师参与；后勤部门组织的安全工作学习和分享活动则需要全体后勤人员参加。在集体活动中，有相关领导参会，也有员工参会，因此会拉近领导和员工、员工和员工间的距离。

（二）分组活动

即在一个总宗旨下，各教研组组织的形式各异的活动。目前许多幼儿园都采取年级组的方式，在同一个主题下，各年级组依据自身情况开展活动。分组活动的优势是：①专题教研时能一起针对该年龄段幼儿的教育教学开展研讨活动。②组内教师日常交流更多，相互了解更深，关系更亲密。③组内教师人数较少，活动能满足教师的更多需求，也使组织者更能把握参与教师的参与状态。④便于组织者依据教师的反馈进行调整，再次组织适宜的活动。基于以上分析，针对幼儿年龄特点的教育教学专业活动适合采用年级组的活动形式；体现组内特色的团队活动适合采用年级组的活动形式；增强年级组教师凝聚力的活动适合采用年级组的活动形式；加强组内教师情感沟通，加强亲密关系的活动适合采用年级组的活动形式。如在大主题“感受传统文化”之下的分组活动有大班组国画欣赏、实验组插花、小班组蛋雕等。

（三）小组活动

这种形式一般适用于对象范围较小、人数较少、针对性较强，能有针对性解决实际问题的活动，往往会生成临时小组。在小组学习交流、探讨的过程中，每个组员的行为将会不断受到来自伙伴的建议、提醒和修正，同时每个组员也会关注他人，经常提出自己的观点和意见。因此，更容易使参与教师学会尊重，善于接纳，认真虚心接纳他人的合理化建议，甚至敢于否定自己。直言不讳而又从善如流，在主动配合、和谐默契的氛围中，每个人的创造潜能得到充分发挥。例如，《绽放》专刊小组和《伙伴》园报小组，由有专长且愿意参加此项工作的教师组成，所有参与选材和编辑的教师，在完成任务的同时，研读每一篇来自教师的文章，能很好地提升自己的专业素养；针对园所大型活动的开展，会临时生成策划小组，集全园有专长的教师组成大型活动策划小组，从策划到组织实施，再到分工合作、共同完成，这些活动适合采用小组活动的形式。

团队活动的目的是加强实践型团队的建设，所以要充分考虑团队活动的实效性。要保证效果，就要由相关领导或人员确定活动目标，确定活动组织者，然后由活动组织者设计完整的活动方案，选定活动形式和参与对象，并在不断地总结、梳理、分析中，发现问题，解决问题。活动在组织的过程中要注意以下几点：

1. 目标导向。目标是团队活动的内容、形式和参与对象确定的依据，同时也是检验活动效果的依据。因此活动前目标的确定一定要明晰，定位精准，考虑实际情况和适宜性。活动后也可用目标来检测活动效果是否达到预期效果。

2. 形式互补。无论是以学期为单位还是以学年为单位，甚至是以发展规划为单位，在一定时间内的团队活动设计，都要考虑到它们的形式互补。形式不能过于单一，或过于侧重哪一个，否则不会达到预期的效果。

3. 兼顾参与对象。幼儿园有领导层、教师层、后勤层等。依据各岗位的不同，教师层又分为不同的层级，如班主任层、配班层、助教层等。教研组还可以分为各个年龄组和各个分园组。因此，团队活动要照顾到各层级的教师，满足各层级教师的发展需求。

4. 效果预想。在活动方案初步设计完成后，要对活动效果进行预想，将可能出现的情况一一列出，以此反观活动方案的可行性，适当做出调整，以促使活动达到最佳效果。

5. 健全活动机制。在众多的团队活动中，将关注的焦点放在建立制度化、规范化、高效化、科学化的园本团队活动机制上，使园本团队活动机制形成有机联系，以解决当前遇到的实际问题，促进教师的专业化和园所的可持续发展。

第三章

以归属感提升为目标的团队活动组织策略

看似简单的团队活动的背后，要有各种筹划、各种支持才能完成。团队活动组织的方法策略直接影响活动的效果和意义的渗透。可以将团队活动的组织策略细化为活动策划模板、操作策略、园所支持策略三个方面。从这三个方面来完成一次团队活动，才能促使活动趋于完善，教师的发展目标更加明确，对于活动之后的归纳整理也很有帮助。

一、团队活动策划模板

建构团队活动策划模板可以从活动背景、活动宗旨、活动目标、活动时间、活动地点、参加人员、活动准备、人员安排、活动程序、活动总结等几个团队活动共有的维度进行，模板可以为后期团队活动的策划设计提供框架支持。

活动背景	活动背景这一部分内容主要是对团队现状进行分析，为后期策划团队活动提供依据。
活动宗旨	活动宗旨要阐述此次团队活动实施的指导思想，是一个团队活动设计的方向和灵魂。
活动目标	此处的活动目标具体指本次活动要达成的目的，目标指向要具体而明确，并且可以测量。
活动时间	这里的活动时间指每次活动的具体时间点和活动预计需要的时长。因此，要把活动开始时间和活动所需的时间注明，让参与者提前对活动有时间上的感知，便于协调其他工作，从而得以安心参加此次活动。
活动地点	根据需要设计活动场地，根据活动内容的需要，活动地点可以是一个或几个。
参加人员	参加此次活动的人群。
活动准备	经验准备：活动的参与人都需要哪方面的前期经验，例如知识的准备、对参会人员的了解、活动中可能出现的效果预案等。
	材料准备：活动中所需的 PPT、音乐、视频以及其他材料。
	场地准备：活动氛围的营造、标语、电子屏幕、场地布置。
人员安排	人员安排指整个团队活动中所需要的所有人员。包括主持人、记录员以及照相、录像、音响、报道、其他工作准备与协调的人员等。
活动程序	团队活动程序一般包括：活动开场、团队游戏、活动基本流程、总结提升几个环节。
活动总结	每个活动结束之后，组织人员都要对此次活动的开展情况进行总结反思，为后续开展活动提供方向。活动总结主要包括以下几方面：第一，收集活动中教师的反馈、收获、问题；第二，总结此次活动的亮点、成功之处；第三，分析活动的不足之处；第四，分析教师的进一步需求，指明下一次活动的开展方向。

二、团队活动操作策略

在建构团队活动策划模板框架的基础上，以下针对每一个团队活动共性的操作环节，详细描述了每一个环节可采用的操作形式。

（一）活动背景

上节描述中提到，活动背景主要是对团队现状进行分析，可以开展的形式有问卷、访谈、总结分析、观察、推理等。此处要注意根据不同团队活动选择适宜的调查形式，如在开展“向老教师致敬”团队活动前，根据不同的人群设计不同的分析方式，对老教师进行访谈，对年轻教师进行问卷调查，最后进行总结分析，根据分析结果设计“向老教师致敬”系列活动。

（二）活动准备形式

1. 场地选择。根据不同的团队活动内容，在选择团队活动场地时，我们可以打破惯性思维，除专业的教研室、会议室、班级教室等场地外，可以走出教室，走出园所。如在小组活动中，有的小组走进咖啡吧开展读书分享会，有的小组走进美术工作室开展国画赏析，有的小组走进攀岩馆进行团队训练，有的小组走进公园进行拓展训练等。

2. 环境营造。在环境营造中，物质环境的营造很重要。在布置场地时，要重视桌椅的摆放形式，在周围布置相应主题的展板，播放活动背景 PPT 等。在营造音乐氛围时，要根据不同主题的团队活动，选择不同风格的音乐，如温馨的、感恩的、欢快的、庄重的等。如在“最炫青春风”团队活动中，把桌椅围成多层半圆，留出展示空间，通过播放 PPT 展示各个教研组团队活动的精彩瞬间，选择欢快的音乐烘托气氛。

（三）活动现场组织方式

活动现场的组织一般有活动开场、活动过程、活动结束三个主要环节。

1. 活动开场。活动开场可以选择视频开场、游戏开场、谈话活动、歌曲开场、主题观影、主题绘本分享等多种形式。

2. 活动过程。团队活动过程可以采用分组研讨分享式、集体授课式、小组体验式、观影感受式、案例分享式、模拟情境式等多种方式。需要注意的是，整个团队活动的组织过程要调动参与团队活动每一个成员的积极性和主动参与性，建议多组织体验、分享、研讨等形式的活动。

3. 活动结束。活动结束环节主要是对活动进行现场总结。现场总结的形式有专家点评、与会人员谈感受、现场记录分享、主题绘本分享、主题视频分享等多种形式。需要注意的是，作为总结要做到画龙点睛，如“班主任经验分享”活动中选择了“三轮车的故事”作为总结，借助通俗易懂的故事告诉教师要敏锐地发现并合理地利用一日生活中蕴藏的巨大教育价值，这些价值能利用到何种程度，与教师的专业水平密切相关，有利于转变教师的教育视角。

（四）活动效果反馈形式

团队活动的结束并不代表整个活动的结束，而是另一个团队活动的开始，因此活动效果分析和反馈具有很重要的作用。活动效果反馈形式有访谈式、文字描述感受式、问卷式等。此环节要注意问卷的设计要适宜，收集反馈资料后，策划组成员要对所有资料进行分析汇总，总结经验，查找不足，找出努力改进的方向，为下次活动的开展做好准备。

（五）活动跟进方式

为了保证团队活动的时效性，根据不同团队活动的目标，在集体活动下会有渐进式、并列式分组活动的拓展延伸。如“向老教师致敬”集体活动后，又开展渐进式延伸活动，如“感恩遇见你”“我为幼儿园代言”等活动。在“教师八字状态解读”活动中，在集体进行讲解分享后，各个教研组结合本组教师的状态，进行并列式的“八字状态文字解读”“八字状态情景表演”等活动。

此环节要注意的是，一般小组单个团队活动无须跟进延伸。

三、园所支持策略

幼儿园任何一项管理目标的实现，都是通过对人的管理完成的，人是决定因素。教师对园所的归属感直接影响园所管理的成效。幼儿教师对园所的归属感表现在教师将自己与幼儿园联结起来，感觉自己被幼儿园接受与认可，它能有效规范教师行为，引导教师将幼儿园发展与自身发展结合起来，是稳定教师队伍、提升幼儿园教育质量的关键。幼儿园要提升教师的归属感，可以采用以下支持策略，增强教师的价值感、认同度、公平感、使命感，切实提高教师的归属感。

（一）园所文化支持策略，凝聚人心生发力量

园所文化是一个园所风格、习惯、行为准则、价值观、园所精神的整体展现，是园所持续发展的动力源。文化是一个园所的软实力，是增强园所凝聚力和吸引力、提高教师归属感的内在条件。有效的机制是一个园所运行发展的有效保障。因此园所文化机制的建设直接关系到教师归属感的强弱。

1. 领导团队以身示范，建立团队文化。园所领导班子由园长和副园长组成。作为幼儿园的核心管理团队，园领导小组开展小组学习、团建、研讨活动。从管理能力、专业能力、生活态度等各个方面加强自身学习，以身示范。同时管理团队以“以人为本”为管理理念，以“情感管理”为管理核心，以“科学管理”为管理途径，重视教师专业、心理、文化团队活动的开展。注重加强团队活动中的文化环境建设，建立促进发展的用人机制，为教师的发展提供更大的空间，促进教师主动成长，提升教师归属感。

2. 自下而上完善行为文化机制建设。在园所文化目标的指引下，依托小组团队活动，自下而上逐渐完善幼儿园各项机制，使园所文化建构、教师状态解读以及各项会议制度、工作室实施制度、奖励学习制度等在团队活动的开展中逐渐完善。举例来说，开展由一线教师组成的小组活动，自主讨论形成了教师行为规范“师德为先 30 条”；依托分组活动开展研讨、学习、情境表演活动，内化“静、雅、温、稳、简、准、趋、韧”教师八字状态；开展三步联动团队活动，领导小组、中层小组、一线教师小组层层递进，逐步完善并解读园所理念。在园所文化建构中，既有自上而下的引领，又有自下而上的反馈，二者结合，互相制约，随时调整。由一线教师制订教师行为规范的文化机制建设，使教师在这种特殊的文化氛围中自觉遵守道德规范和准则，以这种无形的精神力量规范教师的一言一行。行为规范文化机制建设给教师带来自然、安全、稳固的工作状态，员工的归属感不禁油然而生。

3. 构建专业小组，支持团队活动开展。分工带来专业化，依托课题引领，分析教师团队的现状，由幼儿园的专业人才组建名师工作室、心理小组、团支部小组。三个专业小组分别负责园所集体活动中的专业活动、心理活动、文化活动的策划和实施。专业小组的组建为团队活动的开展提供了有效的支持。

4. 团队分层管理机制，增强教师的参与度。幼儿园开展多元团队活动，营造了一种团结向上的情感氛围，创造了一个敢说、有机会说的平台，为教师积极参与园所的管理创造条件，增强管理参与度，增强教师的主人翁意识和责任感。

园所管理从上到下成立以园长为核心的第一管理层团队，以分园负责人、年级组长为成员的中层管理团队，以各年级组为核心、一线教师为成员的教师团队。借助团队活动，管理层放权给中层，中层带领各个团队的一线教师逐层参与到园所发展的各项团队活动中，激发教师的工作使命感。如“幼儿园三年规划的制订”“幼儿园园所文化的解读”“园所课改”等园所发展的大事，在管理层确定发展方向的基础上，给中层和一线教师团队更多的民主和权力。利用小组团队活动调动教师参与管理的积极性，真正激发教师的内驱力，变“要我做”为“我要做”，教师的使命感和价值感倍增。分层管理的策略让领导层的放手收到了事半功倍的效果，大大激发了员工的工作使命感。

（二）多元发展策略，增强成长自信度

增强教师的归属感必须将教师个人的未来发展考量在内。通过加强学习机制，为教师未来价值的提升搭建平台，打破各种条框限制，利用团队活动多角度地打通教师提升发展的通道。创造更多培训学习的机会，加强培训学习的广泛性和实效性，有效地帮助教师运用所学的知识来调整、完善自身的工作，以适应不同岗位的需要。立体式增强教师的成长自信度，让教师充分感受到园所的魅力，增强教师的归属感。

1.“分层式”与“整体式”相结合，构建发展机制。榜样带动在团队发展中起着至关重要的作用，小组活动带动大团队发展，于是“分层式”“整体式”发展应运而生。“整体式”即全员参与团队活动，促使每个人都能受到点播，提高整体认识，并能从同伴分享中汲取养分。“分层式”“整体式”发展相辅相成，互相补充，带动园所教师携手成长。“分层式”发展包含多维度的分层。

（1）从管理层面入手的团队活动。管理层有园所领导班子层和以年级组长为核心的中层团队。各个层次的团队基于本团队的发展目标建构适宜的团队活动，如“中层成长会活动”“领导班子成长会活动”。通过组织中层及以上领导班子的成长会，加快成长步伐，不仅能带动更多的一线教师发现自己，而且增强了管理能力，进而形成无形的“帮带”，促进大家共同进步。

（2）从工作职责入手的团队活动。在教师团队中，从工作职责入手，有班主任层、配班教师层、助教层三个层次的团队。面对幼儿园发展中出现的新任务、新命题，教师们面临思辨、观察、研讨、评价的挑战，具象的专业发展引领能有效地将工作内容分解，同时提升教师的工作能力，让教师充满信心地面对本职工作。如结合教师本职工作开展“班主任经验交流会”“配班教师环境观摩活动”“助教自主进餐研讨会”，在小团队活动的经验碰撞中增进交流、促

进成长。

(3) 从年龄层次划分入手的团队活动。幼儿园的教师涉及年轻的90后、中坚力量的70后和80后、工作30年的老教师。面对不同年龄层次的教师，要开展基于个人需求的团队活动，让每位教师找到自身的价值感。在“90后教师才艺展示”活动中，教师们说课、讲故事、做手工，年轻的她们在这个舞台上展示着自己的激情和梦想；中坚力量的70后、80后是园所发展的中流砥柱，课程月的开展为每位教师搭建了展示自我能力的平台；“向老教师致敬”团队活动，让爱园如家、坚守30年的老教师感受到园所的信任和认可，同时她们的榜样力量激发了年轻教师的责任意识，归属感潜移默化地增强。

(4) 从个人专业成长规划入手的团队活动。幼儿园建立新教师—合格教师—骨干教师—学科带头人的教师梯队，实行分层培养，并逐级得以提升。每个教师根据自己的实际情况，拟订不同阶段的专业发展计划，开展基于现状的团队活动，充分挖掘和激发教师的成就动机。

2. 专业活动与心理活动互相补充，多维度促进教师成长。教师身上有多重身份，每个身份都承担不一样的责任，因此每个教师都有各种压力。而来自生活、家庭等方面的压力又直接影响到其工作的状态。因此面对教师的现状，园所安排的各种学习和提升活动，既要照顾到教师的工作身份，又要关注到教师在家庭中的身份，在提高教师专业能力的同时，引领教师关注对自己的感知，关注心理健康。如开展“名师讲堂”专业大团队活动，引领教师专业成长；设置“心灵驿站”，开展小团队活动，关注教师心理健康。在引领中，教师们乐生活、悦工作，感受到被关爱、被重视、被看见，感觉到幼儿园的温暖。

3. 师徒结对、青蓝双馨，打通教师发展渠道。工作室内开展“师徒结对、青蓝双馨”小组活动，教师们根据自己的需要拜师，一个师傅带两三个徒弟，结成工作小组。师徒小组开展个性化、专题化的小组活动，有效地帮助教师达到专业的提升，建立共同的愿景。在小组活动中，让榜样成为教师成长的方向，作为师傅的名师们也用实际行动发挥模范的辐射和带动作用，促进师傅和徒弟对团队的归属感。

4. 借助团队活动提供学习机会，助力个人成长。幼儿园出台奖励措施，引导和鼓励教师通过多种途径不断提高学习觉悟。同时，积极选派教师参加上级有关部门组织的各种学习和培训活动，开拓专业视野，促进教师专业水平的提升。园所内倡导将学习作为生活常态，开展小组读书团队活动，在小组活动中阅读《爱和自由》《正面管教》等专业书籍，秉承“追随儿童”的教育理念，在提升内涵、促进幼儿发展的过程中执着前行，促进自身专业成长，增强教师对园所的归属感。

（三）多样化展示策略，增强价值认同度

提升教师对园所的归属感，首要也是最关键的，是要让每位教师心情愉快地工作，并感受到领导和同事对自己工作的认可，感受到自身的价值。“最美教师”“向老教师致敬”等一系列的团队活动，为教师提供展示自我能力的平台，让教师们感受到幼儿园公平、和谐的氛围，感受到自身价值被认可，有效地推动教师对园所的归属感。

1. 名师讲堂——搭建专业互动的平台。名师讲堂是园所名师工作室开辟的面向全体教师进行专业提升的教学课堂。这里既是名师小团队专业引领的平台，又为专业能力较强的一线教师们开辟了经验分享、二级培训以及基于教师需求的研讨、体验活动。如利用周五教研时间段，以观察与评价为主进行理论培训和小组互动研讨，打破“一言堂”的传统方式，将案例、故事瞬间以视频的形式进行现场研讨，开展基于问题的研讨互动，让更多的教师在讲堂活动中有思考、有提升、有突破。名师讲堂即让有能力的教师展示自我价值，又引领一线教师深入日常教学，提升教学能力。

2. 技能展示——搭建专业成长的舞台。每学期开展“课程月”小组活动，教师通过说课、研讨、反思、调整的过程，关注孩子的需求和自身的课堂执教能力。为不同类型的教师设置不同的考核标准，鼓励青年教师上模仿课、进步课，骨干教师上优质课，学科带头人上示范课，使每位教师都有展示自己教学技能的机会和舞台。同时围绕搭建的课程平台，引领教师之间互相说课、听课、评课、反思，促进教师之间的交流与互动。

每学期组织青年教师才艺大赛活动，让人人都有参与和施展才能的机会。如微课大赛、说课比赛、美工 DIY、讲故事比赛等，有效促进教师自我加压、自我成长、全面进步。

鼓励教师走出去进行专业技能“传帮带”。如分派青年骨干教师去保定幼专任教，在活动的开展中，青年教师不仅对自己的专业学习有所领悟，更重要的是让每一位青年教师感受到管理者尊重教师智慧、传递智慧、推进改革、顺势而为的课程领导力，也展现了管理者助推教师建立研究自信，帮助教师确立作为教育实践研究者的“自觉意识”，促使其成为有思想的实践者。

3. 团建活动——呈现教研团队的风采。团队精神是园所文化的主体，是教师专业成长的沃土。和谐奋进的团队可以使教师释放工作压力，树立职业理想，促进同伴合作互助，营造教师专业成长的良好氛围。

小组团建活动、学期末教研组联欢展示活动等，给予了各个教研组凝聚团队、展示风采的机会。在幼儿园的倡导下，各个教研组在各个分园的教研时间开展了形式多样的小组团建活动，打造团队特色，展现团队风采。如年轻教师居多的实验分园开展的“致青春”“感恩遇见”等系列活动，给予年轻教师更多的展示空间，增加了团队的激情和凝聚力。“插花”“走进蛋雕馆”“国画风韵”等小组文化活动让教师们放松心情、陶冶情操。

4. 文字宣传——营造正面激励的氛围。走进幼儿园，一面宣传板前伫立着些许人在聊着什么。接着，“最美教师”几个大字映入眼帘。这里记录了教师们用充满爱的眼睛发现的身边同事的点滴小事，食堂员工、保洁人员、一线教师的小事迹都会出现在这里。这里记录着每一位教师爱园如家的情感；这里流露着同事之间的欣赏；这里充盈着家长们对教师的赞扬。小版块大作用，积极正面的爱的氛围在园所内流动。

归属感的培养是一项长期的活动，需要源源不断的刺激让教师们时刻感受到园所的认可和自己价值感的体现。不同形式的氛围营造，让教师们持续地感受着团队的力量，感受着“爱”的氛围，这对教师归属感的提升起到了积极的促进作用。

（四）多渠道沟通策略，拓宽感情交流度

冯晓霞的《新纲要与教师的成长》一文中有一个生动的比喻：同事之间的交流，使原来为一个人所有的经验、观点成为一种共享的资源，一个大家“合资”共建的“资源银行”。在这里，每一个参与者都是一个投资者，一个为资源银行做出贡献的人，同时又是一个获益者，一个可以分享信息资源的人。可见，教师之间的交流合作对于教师个人专业成长和团队凝聚力的打造是非常重要的。

1. 分享会中凝聚力量。分享会可以交流经验，使烦恼减半、快乐加倍。幼儿园注重各个层次、各个团队、各种形式分享会的开展，促进各个团队之间的情感交流。“中层分享会”中，园长帮助每位中层更清晰地认识自己的定位，激发中层的力量，实现以团队带团队的作用。在“各个岗位经验分享会”中，大家共同交流工作中的经验，头脑风暴解决共同的困惑，互帮互助解决个人工作中的难题，在促进交流的同时，推动各项工作的开展。在园所总结大会中分享各个团队的精彩活动，肯定成绩，提出期望，让各个团队充满自信地迎接工作。

2. 小活动中交流情感。以园所为出发点，在工作和生活中关注教师的需

求，开展各项团队活动，凝聚园所爱的力量。组织团队专题教科研活动，加强教师之间的专业沟通与交流。坚持隔周一次的教研活动，以教学观摩、课例研讨、讲座、教学视频等多种形式开展，注重教师的畅所欲言、共同研讨、借鉴提高，从专业上引领教师共同成长。建立线上“我爱我家”“阅读阅美”“旅途漫步”等小组活动微信群，为有共同爱好的教师们提供交流的机会，在工作之余放松心情、交流感情，促进教师之间的沟通。开设“心灵驿站”，解决教师们生活中的困惑，关注教师的心理成长，打通教师之间沟通的渠道。

3. 三人小组在互动中携手成长。个人以情感为纽带自愿结成三人小组，加强同伴合作与互助，引导教师共同成长。教师之间的专业切磋、协调和合作可以共同分享经验、互相学习、彼此支持、共同成长。

管理的魅力就在于服务，管理是为了更好地交流和沟通，管理是为了工作更好地推进，管理是为了人与人之间更加和谐。依托团队活动，幼儿园可以打造和谐的人际关系，促使园所形成良好的园风、师风，使教师充满活力和自信，相互依靠、相互滋润。园所就像磁铁一样，吸引着团队中的每一位成员自发地追随前行，教师的归属感自然形成。

第四章

提升幼儿教师归属感的团队活动实践方案

实践即研究，过程即成果。结合幼儿教师归属感的四个维度，才能有效地进行活动实施。本章的活动从文化活动、心理活动、专业活动这三大类别的活动进行实施，详尽有据，做好这块“他山之石”。

一、文化活动

文化是一个园所的灵魂，园所的文化不是仅仅张贴在宣传栏里的条条框框，而是植根于教师内心，来自于教师本身的气息。本节内容通过组织各种形式的文化活动，将园所文化潜移默化到教师的身心，增强教师与园所的联结，提升教师的职业归属感。

活动 1：解读“园所文化”（集体活动）

活动背景

幼儿园园所文化是一所幼儿园的灵魂，是幼儿园最高层面的建设，是幼儿成长、教师发展、园所壮大的沃土。涿州市第二幼儿园作为省级示范幼儿园，一直以来，我们致力于园所文化的研究，促进幼儿园的规范管理、科学保教活动的开展、教师团队的打造、特色品牌的创建。

活动宗旨

幼儿园文化是幼儿园生存的基础，是幼儿园发展的动力和成功的关键，是幼儿园的灵魂。每位教师都是园所文化的承载者，本次活动旨在让每位教师参与到园所文化的构建中，参与园所文化解读，让每一位教职员工走近幼儿园，感受幼儿园文化历史的厚重，激发自身的责任感。

活动目标

1. 共同解读园所文化中每一个维度的内容，建构幼儿园文化体系。
2. 帮助每一位职工深入了解幼儿园的发展历史，树立“园兴我荣、园衰我耻”的意识。
3. 为每一位职工树立工作的核心价值观，增强使命感。

活动时间

1. 中层领导解读会由中层领导集中一天时间进行讨论，后续由教师进行跟进总结。
2. 各年级组解读会是利用教研的时间进行讨论分享。

活动地点

会议室、各个年级组教研场地。

参加人员

1. 中层领导解读会由园领导班子、全体中层干部参与。
2. 年级组解读会由各年级组组长带领全体年级组成员参与。

活动准备

1. 经验准备：熟悉园所文化的核心理念，曾经参与过幼儿园组织的不同活动，掌握核心理念文字的准确概念。

2. 材料准备：每组 1 张 1 开牛皮纸、1 支记号笔、黑板、夹子、《家风》视频，园歌音乐。

3. 场地准备：电子屏幕显示“厉害了我的园——园所文化解读”，用 7 张桌子围成 U 形，参会人员围坐，准备好发言的音响设备。

人员安排

1. 主持人：中层领导解读会的主持人为园长；年级组解读会的主持人为教研组长。

2. 其他工作人员需求：摄影、摄像、记录、电子屏幕调试、场地准备、撰写报道、资料整理各 1 人。

活动程序

（一）中层领导解读会

1. 主持人以游戏开场，带领大家做健身拍打操。

2. 重温园所文化体系内容。

3. 分别围绕园所文化的各个维度——办园宗旨、办园理念、办园目标、园训、园风、教风、学风、教师培养目标、育人目标，结合“我的理解”“我们曾经做过的”“我们将要做的”三个题目分组展开讨论，为园所文化填充内涵。

4. 讨论 20 分钟，各组代表发言。

5. 各组补充发言。

6. 园长总结发言。

(二)教研组解读会

1. 主持人致开场词。

2. 播放央视《家风》视频，让大家感受家风的重要性，延伸到园所要有园风、要增加内涵、要有传承的理念。

3. 重温园所文化体系内容。

4. 分别围绕园所文化的各个维度，结合“我的理解”“我们曾经做过的”“我们将要做的”三个题目分组讨论20分钟，为园所文化填充内涵。

5. 各组代表发言。

6. 主持人总结发言。

7. 共唱园歌。

活动总结

(一)参与教师反馈(随机)

本次活动的参与人群为幼儿园全体工作人员，活动分层次进行。第一次活动由领导班子成员及全体中层干部参加，参与人数25人；第二次活动由中层干部带领本年级组教师参加。反馈形式以现场访谈为主，被采访人数20人，岗位包括班主任、配班教师、助教老师、后勤人员，收到反馈20份，摘取部分反馈如下：

闫老师(工作岗位：助教；教龄：25年)

通过对园所文化的解读，我加深了对二幼的了解和热爱。我深深地感受到具有特色的“园所文化”是幼儿园发展的灵魂。我感受到身为一个教育者，做教育就是要用“心”去做，用“心”挖掘幼儿教育中的文化内涵，以幼儿为本，以教师为本，才能真正做到以园为本。再者，幼儿园教师团队建设决定了园所的发展方向和文化品质。无论是日常保教、课程建设，还是教科研工作，都不可能仅仅依靠教师个人的力量来完成，而要依靠教师之间的团队协作才能有效达成预期目标。幼儿园的整体发展在很大程度上就是团队的发展，而团队的发展靠的是人，这就要求幼儿园管理者必须做到一切围绕“人”做工作，一切围绕“人心”做工作，只有这样才能带出一支能战斗、能发展、能创新的教师队伍。为此，管理者必须充分重视教师团队建设与教师个人成长的协调进行，努力开创幼儿园教育发展的新局面，以满足幼儿健康全面发展的需要，满足社会的需要。

肖老师(工作岗位：班主任；教龄：30年)

回顾多年来的教育历程，园领导带领大家不断学习、不断创新、不断探索，取得了可喜的成绩，让我们一直引以为傲。幼儿园的教育一直以幼儿发展为前提，以“立德、启智、博爱、发展”的宗旨开展各项活动。虽然取得了辉煌的成绩，但是园领导并没有停下探索的脚步，带领教师们继续努力，力争让教育更适合幼儿的发展。作为一名老教师，我感到骄傲和欣慰。

孙老师（工作岗位：保健医；教龄：15 年）

园所文化为大家，大家参与人人夸。后勤组将与前勤组一道携手并行，让和爱一起长大的文化深入心中，让孩子和爱一起长大。

（二）观察与分析

这次园所文化的解读活动，采取从领导班子开始，逐层深入到每一层级的教职工，使园所文化概念渗透进每一位教职员工的心中。不同层次的解读活动使教师们都能够依据自己的工作岗位职责进行学习。

1. 活动分析

本次活动采取人人参与的互动体验式谈论的方式，使得园所文化不是浮于表面，而是真正深入每个人的内心，让教师对园所的办园理念、园所文化有更深入的了解，同时园所文化得到全体教工的一致认同，达到全体幼儿园教职工共建幼儿园文化，共造园风、共守园规的目的。

通过园所文化的解读，每位教师重温了围绕园所文化曾经做过的每一件小事，参与的每一个活动，自身的价值感和使命感倍增。每一位教职工都是构建园所文化的一员，每位教师的一言一行都是园所文化的体现。践行文化，更多的是担当和责任；传播文化，绽放幼儿园“爱”文化的光芒。文化的穿透力给教职员工一种向上的力量，增强教师的责任感和凝聚力。

2. 活动建议

（1）单次活动的时间适当延长，可以使发言更加充分。

（2）对于经验少、参与活动少的年轻教师，给予更多的关注与引导。

（3）对全体教职工开展一次园史教育活动，一起回忆幼儿园的发展历程，帮助年轻教师更加了解幼儿园。

（4）汇集大家的智慧，把大家诠释的园所文化内涵在全园进行分享解读。

活动 2：我们心中你最美（集体活动）

活动背景

幼儿园中的每一位教工都是最美的，只要你用心去感受，去寻找和记录我们周围平凡而美丽的幼儿园人，最美就在你身边绽放！为了进一步增强教职工热爱教育事业的信念，促进教职工积极进取、开拓创新，增强幼儿园教职工的认同感、公平感、价值感、使命感，幼儿园团支部开展此次活动。

活动宗旨

幼儿园的每一位教职工都在用实际行动展示着自己的美丽，这个美丽是充满爱的，萦绕在幼儿园的每一个工作岗位上。我们用心诠释自己的工作，默默无闻、脚踏实地；用母亲般的胸怀关爱每一个孩子，无微不至、细心呵护；用专业的素养引领每一名幼儿，张扬个性、热爱幼教；用朴实的爱绽放自己的青春，甘于清贫、乐于奉献。

活动目标

1. 展示幼儿园教工的风采。
2. 增强教师们的被认同感与自豪感。

活动时间

2017 年 11 月 30 日。

活动地点

总园音体室。

参加人员

教育局领导、幼儿家长代表、幼儿园全体教职工。

活动准备

1. 经验准备：提前分组开展“温情座谈”活动，寻找身边教师最美的地方。

2. 材料准备：气球，“寻找最美二幼人”PPT，各位组长准备夸赞本组成员的文稿，各位领导准备夸赞组长的文稿，园长致辞文稿。

3. 场地准备：演讲台、座椅。

人员安排

主持人、摄像师、摄影师、PPT 制作各 1 人。

活动程序

1. 最美来宾：介绍与会领导。

2. 最美欣赏：全体观看“寻找最美二幼人”幻灯片，幻灯片内容以展示教职员工日常工作状态中的最美瞬间为主。

3. 最美寄语：园长致辞。

4. 最美展示：各组围绕“展示本组积极向上的状态”，以不同形式展示本组风采，如合唱、舞蹈、小品等。

5. 最美夸奖：提前准备夸奖的文字材料（附后）。

6. 最美祝福：局领导讲话。

7. 最美歌唱：园领导演唱《快乐天堂》，送上最美祝福。

8. 欢送领导退席。

活动总结

（一）参与教师反馈（随机）

在团支部的倡议下，全体教职工参与了历时一个月的“我们心中你最美——寻找最美二幼人”的活动，从“寻找最美倡议”到“寻找最美幸福谈心会”，再到“捕捉最美瞬间摄影展”，一直到现在的“最美绽放分享会”，各项活动让每位教师真诚交流、用心沟通，大家融入真情暖流、相互欣赏的和谐大家庭中。

王老师（工作岗位：班主任；教龄：15 年）

没想到我做的那么一点点小事都被同事们看到了，我感觉心里暖暖的。其实自己做得还不够，在这个团队里我会继续努力。

赵老师（工作岗位：配班教师；教龄：5 年）

我就是做了我应该做的事情，现在想想，其实自己还可以做得更好，我也相信以后的我会做得更好。

郑园长（工作岗位：园长；教龄：35 年）

可能我们不会有惊天动地的事迹，没有艰苦卓绝的成绩，但正是在这看似平常又琐碎的工作中，我们展现出了二幼人的真善美。我们真诚、真挚、真情，我们友善、和善、善良，我们外在美、心灵美、行动美，每一位教职工在平凡中塑造美丽，你们在我心中就是最美的人。

教育局李局长（工作岗位：教育局局长）

这次活动起到了很好的示范效应，通过教师们的讲述，我能看到幼儿园教师的这种执着坚守、爱岗乐业的高尚情操，我们应该在其他学校推广这种精神，引导全社会把更多关注的目光投向发现教师的真善美上来，让更多的教育工作者爱岗乐业，倡导二幼精神，弘扬高尚师德。

（二）观察与分析

各组以温馨感人的形式展示了本组人员最美的闪光点。小班组在优美的音乐伴奏中把每个人的优点用散文诗表现了出来，靓丽的向日葵为会场增添了一抹色彩；中班组用藏头诗的形式把每个人的名字写入诗中，让教师在诗句中感受每一个人的亮点；实验分园组则把“寻找最美二幼人”的每次活动以 MV 的形式呈现出来，回顾了活动中的点点滴滴；东关园区深情诉说了每一个人的感人事迹；后勤组用真挚的语言，配上生动的照片，真实地展现了每位员工的美；领导班子团队则以“猜猜她是谁?”现场互动的形式，把整个活动推向了高潮。此次活动让园所每个人的眼中都看到了他人最美的地方，满满的认同感与成就感，增强了团队的凝聚力。活动中很多教师对于自己被发现的事迹感到很惊讶，惊讶的同时流露出无限的温暖，也流下了热泪。通过这个活动，同事之间的感情更加深厚，每个人看到的都是别人闪光的地方，教师之间互相包容、互相理解，就像亲人一样，都为身边的她感到自豪、骄傲，同时也感受到职业的幸福感和快乐，使园所团队更和谐、温暖。此类活动对于促进教职工的个人价值感和团队归属感的提升有很大的帮助。

附：夸奖组长的文字材料

武爱琴——她，对待工作无怨无悔，事无巨细，责任二字永记心间。无论条件多么艰苦，她只是微微一笑，无论环境多么恶劣，她都会坦然面对，从没听她有过一声抱怨，总是说“好的，没问题，放心吧”，事事都以身作则，与姐妹们一起同甘苦、共奋斗！她，接到任务时雷厉风行，从不拖泥带水，你很少见她走路慢过，说话小声过。她，身材微胖，整天乐呵呵，但是对同事关心细致入微，家长工作做到实处。她，思路敏捷，创意无限，两所园里的各项活动开展得有声有色。她是爱人眼里的纯爷们儿，女儿眼里的美丽妈妈，教师眼中的大姐大，我们眼里的拼命三郎。

胡雅君——她，在家长面前风度翩翩，侃侃而谈；她，在教师面前尊老爱幼，关心备至；她，在幼儿面前博才多学，是孩子们的良师益友。她每天耐心地接待111位家长的来访，用微笑的目光观察111双可爱的眼神，用心哺育42颗稚嫩的幼苗。环境的改变让她重新审视自己，无论何时何地，她都会以党员的标准约束自己，和姐妹们一起成长。她看上去弱不禁风，快言快语，但做事条理清晰，待人和蔼可亲，老教师称她为妹妹，年轻教师称她为姐姐，家长称她为朋友，孩子们亲切地称她为妈妈。

尹俊华——她，每天早出晚归，带领食堂的兄弟姐妹为孩子们的健康默默奉献着，每日奏响锅碗瓢盆交响曲的快乐乐章。为了孩子们的健康，她不辞辛苦，奔走于三所食堂之间，和厨师们一起切磋厨艺，让孩子们吃上颜色搭配好、味道香、营养全的健康食品。在历届厨艺展示的平台上，将面点、菜肴以多种方式展示出来，把二幼的伙食品牌做成了同行内最响亮的招牌。

活动3："我为幼儿园代言"演讲活动（集体活动）

活动背景

2018年5月20日至6月20日为第七个全国学前教育宣传月，今年学前教育宣传月的主题是"我是幼儿园教师"。在"我是幼儿园教师"的活动主题下，我园开展"我是幼儿园教师，我为二幼代言"最美教师宣言活动，多视角呈现幼儿园教师工作、学习的真实情景，塑造新时代幼儿园教师爱岗敬业、积极向上的良好形象。

活动宗旨

为了进一步加强教师职业道德建设，营造良好师德师风的氛围，塑造良好的教师形象，提升教师队伍整体素质，搭建教师互相学习、共享成长的平台，增强教职工的主人翁责任感和集体归属感，幼儿园特开展此次活动。

活动目标

结合自己的岗位，从自己从教生涯的感悟出发，展现爱岗敬业、为人师表的良好师德风范，坚定为幼儿园教师代言的信念，传递正能量。

活动时间

2018 年 9 月 7 日。

参加人员

全园教职员工。

活动准备

1. 经验准备：与代言教师交流此次活动的目的和意义，了解代言宗旨。

2. 材料准备：代言教师发言文字稿、活动背景 PPT、演讲人简介 PPT、教师节沙画视频。

3. 场地准备：电子屏、音响、话筒、演讲台。

人员安排

主持人 2 名、代言人 11 名、园领导。

活动程序

1. 播放教师节沙画视频。

2. 主持人上场介绍来宾。

3. “我为二幼代言”个人演讲。

（1）主持人介绍演讲人。（播放提前准备好的演讲人简介 PPT 并进行介绍）

（2）教师代表演讲。

（3）在演讲的过程中，由主持人穿插互动话题。

4. 演讲结束后请全体演讲人上台，颁发证书。

5. 园长讲话。

6. 共同演唱歌曲《不忘初心》。

7. 领导送花，在温馨的氛围中结束活动。

活动总结

（一）参与教师反馈（随机）

此次活动由办公室承办，全园所有岗位人员全部参与，共计 140 人。本次活动采取现场实时观察记录和活动后随机采访两种形式进行观察。根据现场观察，演讲人本身很投入，甚至有三位演讲人讲到高潮部分时，情不自禁地落下眼泪。台下的观众听得也很认真，不断地响起掌声。演讲间隙，主持人对观众进行随机采访，年轻的教师积极发言，表露心声，年长的教师积极表达自己的情感，鼓励年轻教师。

活动后，大家从不同层面对此次活动进行了反馈，都表示对此次活动的支持，并建议多组织此类活动。

1. 演讲人反馈

胡老师（工作岗位：班主任；教龄：13 年）

作为一名二幼教师，我非常自豪，这里有很多优秀的姐妹，我会不断学习，不断吸取营养，并将有关知识融入自己的教育实践中。我特别喜欢浏览应彩云老师的博客，应彩云老师说过：教师的工作富有挑战性，若要做好它，需注重自身素质的提高。平常注重广泛阅读，从不同书刊中获取信息，吸取营养。我相信很多事情都是熟能生巧，反复地做，肯定能找到规律，在幼儿园带班也是这样。

屈老师（工作岗位：配班教师；教龄：1 年）

身为一名年轻教师，我也常常成为大家的焦点，每当我看到你们信赖的目光时，我都会感到满足，更感到沉甸甸的责任。我曾用语言表达了我想成为教师的信念，但现在，我会用行动去证明，一个平凡人也可以坚守自己的理想。我年轻，但是我的激情和活力会使我勇往直前；我平凡，但是我的责任和态度会让我更加勤奋。我不会用漂亮的词句夸赞我的职业，但是我会用我的青春和朝气释放心中的正能量，在前进的道路上勇于攀登，敢于接受更多的挑战。我十分愿意为幼教事业献出自己的力量。

张老师（工作岗位：班主任；教龄：21 年）

今天的活动令我感受颇深。我深知教师这份责任一旦扛了起来，就丢不下。伴随着岁月的流逝，我慢慢褪去了身上的焦躁和不安，换来的是快乐和自信。虽然我没有轰轰烈烈的事迹，但是，我却在一日活动中的点点滴滴里，日复一日地诠释着一名普通幼儿教师的职业素养。在这平凡的世界里，我们不仅需要英雄，更需要脚踏实地、一步一个脚印平凡工作的人。我是二幼人，我的一言一行代表着二幼，诠释着二幼，我以拥有这份平凡而富有创意的事业而骄傲和自豪，我为二幼代言。

2. 观众反馈

史老师（工作岗位：助教；教龄：6 年）

我是一名助教，但首先，我是一名教师。为师先有德，先做一名有德行的教师，才是从教的根本。行有德，举止端庄爱相随，将爱注入行为举止中，并让幼儿感受到教师爱的举动。言有德，言谈之间显风格，对同事真诚亲近，对幼儿和声细语，做一名温暖的教师。思有德，思理崇尚增底蕴，多学习多思考，增加自己的文化底蕴，其实也是一名教师责无旁贷的任务。我就要做一名有“德”的教师!

王老师（工作岗位：配班教师；教龄：15 年）

听了教师们的演讲，我非常感恩我们这个有爱的团队，感恩身边的每位姐妹，感恩美好的相遇！虽然我只是一颗小小的树苗，没有茂密的枝叶，没有粗大的树干，但我有一颗积极向上的上进心，不管什么活动，我都愿意去尝试，就算有再多的坎坷，我都要鼓足勇气前进，不让自己在回忆中懊悔。我会在努力进取的同时，和二幼共同成长。

（二）观察与分析

本次活动的参与者为全园 140 名教职工，共有 11 名教师代表发言，她们来自不同的岗位，发出了不同的声音，但相同的是，她们用质朴的言语讲述了在工作中做的那一桩桩、一件件小事，看起来平凡，却又十分伟大!

教师对于精神层面的活动要求很高。在活动之后，有更充足的精神投入工作，将情感注入机械化的工作，并且在这类活动中，教师最易获得成就感、价值感，同时产生对团队的认同感和归属感。

本次演讲不仅给不同岗位的教师提供了展现自我风采的机会，而且进一步提高了全体教师“爱岗、敬业、奉献”的意识，激发了教师的工作激情，使教师以更好的精神风貌投身于幼教事业。

在进行此类活动时，可以开展成系列活动，即一个主题背景下有多个分支活动，使活动更加深入教职工的内心。

附演讲稿：

我是二幼党员，我为二幼代言

阎美玲

每个人都有自己的梦想，我也不例外，我的梦想是做一个人人喜欢和赞美的党员先锋教师。这个梦想在 2007 年 10 月终于走近了我。我被调到了二幼这个辉煌与显赫的大家庭，融入了二幼的党支部。这些年来，我在这里被浸润、被锤炼、被关爱、被委以重任。时至今日，我已经成长为一个爱是起点、不断学习，饱含热情、师德为杆，扎根一线、润物无声，细致入微、服务家长，爱家孝亲、珍爱生活，志向高远、奔跑在路上的行者。此时，我是二幼党员教师，我为二幼代言！

一、爱是起点、不断学习

爱是理解、信任、支持，爱是我们永恒的主题。我常用一个个温暖的拥抱，告诉孩子们“我爱你”；我常用一次次暖心的微笑，告诉同伴们“我爱你”；我常用一个个坚定的信念，告诉我的岗位“我爱你”；我常用一句句真心的话语，告诉家长们“我爱你”。在默默地付出与耕耘中，见证着用灵魂唤醒灵魂的每一次奇迹与惊喜！

不断学习才能不断地充实自己。自从品读《爱与自由》《正面管教》等书，自从践行“涿州二幼”的八字精神，我们内心深处“爱”的意识被激发与提升出来，开始发现身边的一切都如此美好，并冲动地想把这些暖心的感觉传递给大家。

二、饱含热情、师德为杆

教育是一份良心的职业，“轰轰烈烈做事，踏踏实实做人”向来是我的工作和生活原则，做事就要做好，否则不如不做，做人就要脚踏实地，否则一无是处。一份春华，一份秋实，在教书育人的道路上我付出的是汗水和心血，收获的是一份份充实、沉甸甸的情感。我用心去教诲孩子们，用情去培育孩子们，将自己最珍贵的爱奉献给孩子们。相信，今日含苞欲放的花蕾，明日一定能盛开绚丽的花朵！

三、扎根一线、润物无声

以“幼儿发展为本”“教师是幼儿学习的引导者、合作者、参与者”为指引，为了促进幼儿在健康、认知、社会性、创造性、情感等方面的均衡、和谐发展，我们不但为孩子们创设了适宜的、温馨的、操作性强的班级环境，而且在每个活动中，我们都要求自己做到心中有目标，眼中有孩子，时时有教育。

例如，在语言活动中，我们把更多的时间留给孩子，引导他们大胆想、大胆编、大胆讲述，让他们从小就插上想象和创造的翅膀。在认知活动中，我们尊重孩子们的选择意愿，让孩子们从区角活动中获得知识和技能。在社会活动中，我们教育孩子们乐意与人交往，礼貌、大方、对人友好，增强幼儿的自尊、自信，培养幼儿关心、友好的态度和行为，促进幼儿的个性健康发展，等等。我们把幼儿教育五大领域的内容有机地整合在一起，促进了班级幼儿的全面发展。

四、细致入微、服务家长

在家长工作中，我们做得更细。真诚对待每位家长，加强家园沟通。教师与家长的互动效果直接影响班级经营的成效，教师与家长协力解决教育问题，增加对幼儿的关心，共同分担教育责任。孩子的快乐是对我工作的鼓励；家长的满意是对我工作的肯定。真诚地对待每一位家长，如实地和他们交流教育孩子的方法，尽量地满足家长提出的要求，让家长感到我不只是孩子的老师，也是家长的朋友，有困难大家一起解决。

与家长沟通得更多，我们的收获也就更大了。从家长们的一字一句中，我们增加了对彼此的信任和理解，有了更多的支持与关注，不信您听——在一次孩子离园时间，我在楼道的拐弯处碰见萌萌爸爸，看我忙得不可开胶，文文爸爸说："阎老师对什么都是那么认真负责。"为了元旦联欢会上的进场舞，我在水房中洗绸子，这时琪琪妈妈来接孩子，看见了说："阎老师，你们每天真辛苦，喝点热水吧！"元旦联欢会结束了，晨晨妈妈说："阎老师，辛苦了，放假好好休息几天吧！"这样的例子还有很多，每当这时，我的心里都是暖暖的，这份温暖盖过了工作的劳累，使我更加热爱我的工作和我的孩子们！家长们的话语也使我们知道了：我们对孩子们的用心、关爱、教育，家长们都看在眼里，已经形成了一股力量来支持我们、关爱我们、信任我们，相信感动之后的信任，会使我们的家园共育工作更加顺利！

自 2007 年至今，我一直坚持工作在二幼第一线，我热爱幼儿教育事业，常以一个党员的标准来严格要求自己，用一颗幼儿教师博大的爱心，用一种幼教人特有的责任心对待自己的工作岗位。我认为，让每个人都感到幸福，感到被关注、被爱、被给予，才会让自己的幸福理所应当。我是新时代的共产党人，我为二幼代言！

活动 4："最美教师"推进活动（分组活动）

活动背景

在幼儿园开展了"我们心中你最美"活动之后，为了让活动更加丰满，更具有内涵，进一步挖掘每一个人身上的闪光点，幼儿园以组为单位，分别开展了“最美教师”推进活动。

活动宗旨

“最美教师”活动是幼儿园在树立教师榜样，激发教师工作热情，关注教师价值感和公平感方面设计的系列活动，属于教师培养目标中的师德建设的范畴，旨在通过不断地推送最美教师，激发全体教师的责任感和使命感。

活动目标

1. 促进教师多多发现身边的榜样，并向其学习。

2. 形成积极向他人学习的工作氛围，激发教师的责任感和使命感，逐渐形成职业归属感。

活动时间

各个年级组的分组教研时间。

活动地点

各个年级组的教研场所。

参加人员

全体一线教师。

活动准备

1. 经验准备：每个组的行政组长提前预设好活动方案，各组人员深入了解本组成员的基本工作状态和闪光点。

2. 材料准备：各组根据本组的活动方案准备材料，如磁力板、笔记本电脑、照相机、一体机、音乐、PPT、记录表等。

3. 场地准备：以本组活动方案为依托，进行适宜的场地设置。

人员安排

1. 主持人：行政组长。

2. 其他工作人员需求：摄影、摄像、记录、撰写报道、资料整理各 1 人。

活动程序

因本活动以年级组为单位进行，由各组的行政组长负责，所以每个组的活动形式各不相同，现只展现基本的活动程序。

1. 主持人致开场词。（说明本次活动的目的及主要内容）

例：亲爱的姐妹们大家好！做最好的自己，绽放最美的人生，我们在一起，朝着最好的方向前行！发现你的美，发现我的美，让我们每个人身上的闪光点连成璀璨的光环，让我们成为那个自带光环的人！

今天，我们即将推举出本学期我们小组的“最美教师”，你们将成为大家心中的榜样。

2. 组织团队小游戏。（以凝聚团队力量的游戏为主，在活跃气氛的同时，对教师们有所启发）

例：鼓动人心。

游戏准备：一面鼓（鼓的四周系上 10 根长绳），垒球一个。

游戏玩法：每个人拉一根绳子，把鼓拉起来，然后把垒球放在鼓上。大家齐心合力拉动绳子，使垒球在鼓面上跳跃。通过练习，垒球跳动的次数会越来越多。这个游戏需要全体参与者的配合。

3. 分析幼儿园教师应该具有的优秀品质，主持人进行总结。

例：我们齐心合力，完成了似乎不可能完成的事情。就像我们的工作，作为幼儿园教师，要有一颗水晶的心灵，面对孩子，你是温暖的；面对家长，你是诚恳的；面对同事，你是包容的。请大家来说一说，你觉得一名优秀的幼儿教师应该具备哪些优秀的品质呢？

4. 谈一谈本组内的其他教师具有“园所品质”中的哪一点，以词概括或以事例说明。

5. 推选出本组的两位“最美教师”，并邀请他们发表感言。

6. 主持人以冥想等形式结束本次活动，此活动要触及教师的内心，带给教师们美好的期待。

例：大家站成或者坐成一个圆圈，手拉手，闭上眼睛，听着轻柔的音乐进行冥想。最后主持人给予期待和祝福。

活动反馈

（一）参与教师反馈（随机）

本次活动的参与人群为全体一线教师，共 90 人。活动形式为分组进行，反馈形式以现场访谈为主，被采访人数 25 人，岗位包括班主任、配班教师、助教、后勤人员，收到反馈 25 份，摘取部分反馈如下：

1. 参与教师感受

苏老师（工作岗位：配班教师；教龄：2 年）

两位老师都是在二幼奋斗了很多年的教师，尤其是胡老师，工作了 29 年。胡老师无私奉献的精神值得我们学习。郭老师也是一位责任心很强、很细心的老师。两位老师的共同点是充满爱心，尤其在面对小班的小朋友时，真的需要爱心、耐心和责任心，让孩子们喜欢幼儿园，喜欢老师。

吕老师（工作岗位：助教；教龄：1 年）

她们之所以能够在平凡的岗位上做出突出的成绩，与她们对待工作、生活的态度和自身具备的爱心、责任心是分不开的。我们要以最美教师为榜样，关心爱护每一个孩子，做到一切为了孩子，为了一切孩子，为了孩子的一切。通过学习，我深刻体会到，作为一名教师，要以无限的真情和爱去感化每一个孩子的心灵。

2. 推送教师感受

李老师（工作岗位：班主任；教龄：20 年）

最美幼儿教师，每天做着平凡的工作，但身上承担的是不平凡的重任。每天忙忙碌碌，无时无刻不散发着美丽和光芒。清晨，当幼儿入园哭闹不休时，老师耐心地抚慰和温柔地搂抱是最美丽的；室外，老师和孩子共同忘我地游戏时，老师身上沾满的草屑和手上、脸上的灰尘是最美丽的；生病幼儿的身边，老师无微不至地关怀照顾是最美丽的；晚上，家长晚接时，老师理解的话语和微笑是最美丽的。这份职业让我们累并快乐着，因为我们是平凡而伟大的最美幼儿教师。

（二）观察与分析

这次的“最美教师”推进活动，采取分组活动的形式开展。这样的形式给教研组更大的发挥空间，使每一位教师都有发言的机会，促进了活动目标的达成。同时，每位教师都能更真切地感受到“美”在幼儿教师的工作中的体现。

1. 活动分析

本次活动采取人人参与的互动式谈论的方式，不仅让所有参与人员都能谈一谈自己对于本职工作的理解，从而发现身边教师的美，主动向他人学习，而且又会得到他人的赞许，受到鼓励，促进价值感的建立，感受到大家庭的温暖，促进职业归属感的形成。

2. 活动建议

(1) 在发现“美”的谈话环节时，主持人要控制每个发言人的发言时间，注意引导，关注发言的有效性。

(2) 主持人在每个环节进行总结的时候，语言要精准，表述完整，提升到心理层面。

活动5：名师推送（小组活动）

活动背景

名师工作室于2011年成立，工作室的教师在德、能、勤、技等诸多方面成为全园教师的榜样。随着园所的增多和教师数量的增加，有些教师对名师工作室的教师并不熟悉，采用微信平台“名师推送”的方式，可以促进园内教师了解名师，向名师学习。微信平台同时面向社会，使工作室教师的良好形象面向大众，提高教师的价值感。

活动宗旨

名师工作室历经7年时间，已经拥有20位名师，这是一支走在幼教前沿的专业化队伍，这是一支业务精湛、充满活力的教师队伍。为了进一步激励名师工作室成员乐于奉献、善于钻研的精神，展示名师风采，本次活动利用幼儿园微信公众平台将名师事迹以图文和视频的形式进行推送，让更多的人走近名师、了解名师。

活动目标

1. 通过图文及视频的形式展示名师风采，感受名师精神。
2. 利用微信公众平台进行推送，让更多的人走近名师。
3. 提升名师的职业幸福感，增强使命感。

活动时间

2017年10月至2018年6月，每周推出一位名师。

活动地点

微信公众平台。

参加人员

名师工作室 20 名成员。

活动准备

1. 经验准备：熟悉推送名师的核心理念，结合工作室参与的活动进行整理。

2. 材料准备：文字控制在 1500 字左右，并准备相应的照片或视频。将编辑好的名师推送内容于每周五在微信公众平台上进行发布。

人员安排

1. 成立审稿小组，小组成员包括教学副园长、名师工作室领衔人、办公室负责人。

2. 将办公室负责人（主编）审稿后的定稿，于每周五发布到微信公众平台上。

活动程序

1. 安排好名师工作室的推送名单。

按照工作室领衔人、名师、骨干教师的顺序将工作室的教师进行排序。

2. 被推送名师撰写推送文稿。

文稿撰写要求：从工作经历、工作感悟、希望和畅想三个方面写出自己进入名师工作室后的心路历程。字数在 500～800 字。

3. 每周一将推送内容上交至办公室宣传部门。

4. 周二到周四，审稿小组进行沟通，给出修改建议。提前安排好录制视频的名师人员和文字推送的名师人员，同时与撰稿人沟通配图需要，或录制小视频（个人访谈录）的事宜。

5. 周五进行微信公众平台的编辑、推送。

6. 发动同事和家长进行转发。

活动总结

名师推送环节中设置了留言功能，在短短几分钟内，每位名师都收到了来自同事、家长、社会各界朋友们的大力支持与赞扬。摘取部分评论与回复如下：

（一）同事评论

李老师（工作岗位：保教主任；教龄：26 年）

朴实中展露芳华，还清晰记得你踏入二幼这个大家庭的模样，十年磨一剑，如今在这片沃土中绽放自己的美丽，散发出淡淡的清香，期待！

赵老师（工作岗位：保教干事；教龄：22 年）

奋斗、坚守，名师团队中的年轻力量！看着你努力成长，为你骄傲！名师因有你而骄傲！在自己的专长领域自研自修，棒棒哒！

王老师（工作岗位：配班教师；教龄：16 年）

十年时光，我们见证了你的成长，让爱生根发芽。

刘老师（工作岗位：配班教师；教龄：18 年）

似彩虹般绚烂，似阳光般温暖。遇见你是家长的缘分，遇见你是孩子的福气。

（二）家长评论

家长 1

王老师德才兼备，认真敬业，对孩子关心备至，春风化雨，真是名师风范！

家长 2

刘老师真的很棒！我的孩子能有幸在大班遇到刘老师，真的很幸福，为刘老师点赞！

家长 3

作为家长，我深深感受到张老师对孩子的喜爱和对工作的热情，家长们非常感动。您是孩子成长道路上的一盏明灯，照亮他们前行的路，感谢有您，感恩遇见您！

家长 4

怀着既好奇又期待的心情读完这篇关于张老师的介绍，心中充满感动，也充满憧憬！感恩遇见，突然希望孩子们跟张老师相处的时光可以慢下来，让孩子的幸福时光延续下去……

（三）推送教师回复

张老师（工作岗位：班主任；教龄：17 年）

说到感动，是幼儿园上下的通力合作让我感动。其实我做的都是我应该做的事，我只是坚守了我的职责和信念。

赵老师（工作岗位：保教干事；教龄：26 年）

正是对幼教事业的热爱，使我一步一个脚印地成长起来。领导关切的眼神给我力量，同事们真挚的微笑给我鼓励，孩子们清澈的眼眸给我希望，家长理解的语言给我温暖，让我勇敢地挑战一切困难，朝着做一名优秀的幼儿教师的方向不断努力。

王老师（工作岗位：班主任；教龄：20年）

选择了这个职业，就注定我们的梦想、荣誉都与你们（孩子们）连在了一起。你们是幸福的，我们才是快乐的；你们是进步的，我们才是欣慰的；你们是成功的，我们才是优秀的。

（四）观察与分析

通过微信公众平台将20位名师工作室成员的事迹进行推送及转发，得到了社会各界的好评，不仅提升了教师的知名度，也提升了教师的自信心，收到了良好的效果。作为幼儿园名师工作室的一员，每个人都身兼数职，对工作具有足够的耐心与责任感，正是她们的勇于担当让我们看到了每个人的快速成长，成为青年教师学习的榜样，同时促进了名师们的职业归属感的建立。

此次活动通过图文、视频等比较丰富的形式，对名师工作室几年来的成果进行了更加全面的展示，是对名师精神的诠释。建议此类活动持续进行，可以根据本园所的实际情况，组建不同性质的教师榜样团队，多层面树立教师的美好形象，内容涉及更加全面、更加深入。

活动6：最炫青春风（集体活动）

活动背景

幼儿园的日常工作繁忙而琐碎，教师们总保持这样的频率工作会影响身心健康。开展不同形式的娱乐团队活动，不仅可以丰富教师的业余生活，而且可以通过活动展示所有教职员工的风采，因此幼儿园借助“五四”青年节的契机，开展了以团支部为引领的“最炫青春风”活动。

活动宗旨

进一步发扬团队积极乐观、团结奉献、热情如火的崇高精神，促进教师认同感和价值感的建立。

活动目标

通过展示，让大家看到二幼教师执着坚守、爱岗乐业的高尚情操。

活动时间

2016年5月4日。

活动地点

音体室。

参加人员

团市委领导、教育局领导、家长代表、全体教职工。

活动准备

1. 经验准备：教师有表演经验，了解活动宗旨。

2. 材料准备：活动中所需的PPT、音乐、视频以及其他材料。参加活动的教工每人自备一份有纪念意义的礼物，如本、书等可以写下心灵物语或美好祝福的礼物。

3. 场地准备：营造活动氛围、标语、电子屏幕、布置会场座位。

人员安排

1. 主持人：团支部书记和两位委员。

2. 其他工作人员需求：负责音响、摄影、摄像、记录、电子屏幕调试、场地准备、撰写报道、资料整理的人员各1人。

活动程序

1. 青春动起来：《匹诺曹之舞》。(音乐节奏明快，曲风快乐、积极)

2. 青春纪念册：播放历年团支部组织的登高品美食、骑行、赏梨花、拓展训练、外出旅游、义务宣讲等活动，以及青年教师参加的各类演出、教工运动会等活动的PPT，播放由教师专业成长等剪影制成的配乐PPT，一展往日巾帼风采。

3. 青春寄语：园长致辞。目的在于说明本次活动的目的，给大家鼓励。

4. 各组展示青春魅力：以教研组为单位，各组进行不同形式的创意表演，展现本组成员的特点和精神风貌。

小班组：青春走秀；

中班组：青春的歌；

大班组：集体舞展示；

实验分园组：教师特长表演串联；

大石桥分园组：快板舞蹈；

名师工作室：集体舞展示；

后勤团队：锅碗瓢盆交响曲。

5. 颁奖环节：颁发最佳活力奖、最佳创意奖、最佳时尚奖、最佳魅力奖、最佳风采奖。

6. 青春手牵手：教工之间互赠礼物。随机采访教师的人生感悟或青春感言，大家相约未来，共创美好明天。

活动总结

（一）参与教师反馈（随机）

本次参与人群为全体教职员工，活动形式为集体进行，参与展示的教工有教研组长、班主任、配班教师、助教、专业教师等各岗位人员 96 人。教工活动反馈以反思体会为主，摘取部分反馈如下：

李老师（工作岗位：助教；教龄：15 年）

“最炫青春风”活动在大家的欢声笑语中画上了圆满的句号，这次活动带给大家的不只是美好的回忆，更深深地触动了每一位教师的心灵，让大家对青春有了更深的感悟，激发了大家青春的激情和对工作的热情。

赵老师（工作岗位：教研组长；教龄：10 年）

在展示环节，年轻教师们一个个精神抖擞，信心满满。青年教师们自编自演的快板《赞美青春》，诗朗诵《青春故事》，时装秀《百变青春》，舞蹈《舞动青春》，联唱《歌唱青春》，展现了青年教师的时尚、活力与魅力。我们的教师不仅会唱会跳，而且朗诵起来刚柔并济，把人们带到了意境之中……更让人眼前一亮的是，我们的前辈也献上了自己优美的舞姿，时尚、动感的舞蹈尽显出她们的舞蹈底蕴；她们动听的歌声让我们感受到青春的激情。青春和活力从未带上岁月的痕迹，她们的精神鼓舞着我们，激励着我们。

田老师（工作岗位：班主任；教龄：17 年）

在“激情大碰撞”的环节中，当大家拿到与自己号码碰撞的小礼物时，都难掩脸上兴奋、激动的笑容，再一次把整个活动推向高潮。

（二）观察与分析

1. 活动分析

本次活动通过不同的表演形式展示了教职员工们积极向上的精神风貌。在活动的组织过程中，每个小团队的成员都在其中充分感受到小团队的凝聚力。在表演的过程中，教师们在展示自我风采的同时，得到了他人的鼓励和认可，价值感、认同感得到很大提升，促进了归属感的形成。

2. 活动建议

（1）每年举行一次，可进行不同形式的展示。

（2）会场环境布置可以以绚丽为主，贴近主题。

（3）适当采用新人主持，给年轻人更多的机会。

活动7：拓展训练——向快乐出发（集体活动）

活动背景

目前园所人员众多，每个年级组的教师的年龄差距较大，在沟通凝聚方面会有一些困难。因此在繁忙的工作之余，直接利用园所周边的场地资源，组织教师开展团队拓展活动，有利于促进团队凝聚力的形成。

活动宗旨

在温暖的春季，大家走出校园，畅享春天，亲近自然。让大家在繁忙的工作之余放松自我、释放压力，提升教师的职业认同感和团队凝聚力。

活动目标

激发个人潜能，增强教师之间相互配合、相互支持的团队精神和合作意识。

活动时间

2018年4月28日。

活动地点

华阳公园拓展区。

参加人员

全体教工。

活动准备

1. 材料准备：条幅（向快乐出发——畅想春天拓展训练），红、黄、蓝、绿、紫、橙 6 种颜色的队标共 120 个，背景音乐，话筒。

2. 场地准备：与华阳公园拓展区经理沟通时间，提前到华阳公园踩点，实地看场地和安排拓展项目。

人员安排

1. 主持人 2 名。

2. 其他工作人员：摄影、摄像、计时员、撰写报道、资料整理各 1 人。

活动程序

（一）热身游戏：雨点变奏曲

教工在主持人的指导下完成表现“小雨”“中雨”“大雨”和“暴雨”的动作。

小雨——手指相互敲击；

中雨——双手轮流拍大腿；

大雨——跺脚；

暴雨——拍手、跺脚。

主持人：“现在开始下小雨，小雨渐渐变成中雨，中雨变成大雨，大雨变成暴雨，暴雨减弱成大雨，大雨变成中雨，又逐渐变成小雨……”

（二）园长致辞（给大家鼓励）

（三）你我同行（在过程中加入激昂的背景音乐）

1. 分组：把提前做好的不同颜色的 120 个队标放在长凳上，教师自由选择队标，选择同种颜色队标的人站到一起。提示大家同一年龄段的教师尽量不要选择相同颜色的队标。

2. 设计队名、口号：计时 5 分钟，每队商讨并确定自己的队长、队名、口号，现场展示各队风采。

（四）竞技比赛

1. 自由活动 10 分钟，各组熟悉各个项目及比赛场地。

2. 接力赛：勇攀高峰。

规则：借助拓展区的攀爬网进行攀爬接力赛，分两轮进行，一轮三组，每组 5 人参加，从起点处爬至网的最高处再翻过去，下一个人继续，用时最短组胜。

3. 竞技赛：蜻蜓点水。

规则：借助拓展区的梅花桩进行比赛，以接力的形式进行。第一个人走过梅花桩后，第二个人上桩接着走，每组 5 人参加，用时最短组胜。

4. 团队赛：平步青云。

规则：借助拓展区的空中荡桥进行比赛，分三轮进行，每轮两组面对面站到荡桥上，每组10人或更多人参加。相距十米时互相用力晃动荡桥，最后荡桥上留下队员多者获胜。

5. 挑战赛：空中拓展。

规则：借助拓展区的高空隧道进行比赛，分三轮进行，一轮两组，每组5人参加。两组同一起点，向相反方向出发，完成隧道路程至终点，用时短组胜。

（五）美拍时光

1. 集体合影留念。

2. 各组美拍：各组自选场地、自选队形拍照、上传到幼儿园微信群。

活动总结

（一）参与教师反馈（随机）

本次活动的参与人群为全体教职员工，活动形式为集体进行，参与人数108人。反馈形式以现场采访为主，被采访人数10人，岗位包括班主任、配班教师、助教老师、后勤人员，摘取部分反馈如下：

王老师（工作岗位：班主任；教龄：25年）

本次活动从策划到组织都很细致，在刺激的挑战赛中，我们能够轻松地融入集体，与同事互相配合，体验到了久违的欢笑，身心得到放松。

郑老师（工作岗位：助教；教龄：1年）

我第一次参加这样的户外集体活动，感受到二幼大家庭的温暖与活力。看到园长们全身心地投入到比赛游戏中，我也被带动了，找到童年时候的感觉，很开心，很放松。

康老师（工作岗位：助教；教龄：28年）

虽然只参加了一项游戏，但是我宝刀未老，跟着年轻老师一起“疯”，自己都变得年轻了。喜欢这样的活动，希望以后多多组织！

杨老师（工作岗位：后勤；教龄：25年）

我们几个只顾照相了，岁数比较大，没有参加游戏。在这样的季节，和大家一起摆拍也不错哦！这些照片会是我美好的回忆。

张老师（工作岗位：助教；教龄：10年）

在春暖花开的季节走进熟悉的地方，和熟悉的人玩着熟悉的游戏，唱着熟悉的歌，心情特别舒畅。虽然是游戏，但是我看到大家在竞技项目时使出了全身的力气，释放着自己的能量，随风奔跑的那一刻让我特别感动。喜欢这样的活动，没有压力，不受束缚，感受美好。

（二）观察与分析

1. 活动分析

团支部组织所有教职员工从校园走到户外，畅享春天。本次活动从开始到结束共两个多小时的时间，大家抛开工作的繁杂心绪，全身心地投入到现场的活动中，旨在从繁忙的工作中脱离出来，放松自我、释放压力，感受生活的美好。从开始的热身活动到各个游戏掀起一个又一个高潮，大家积极参与到不同的游戏中，笑声、欢呼声、加油声此起彼伏，不绝于耳。在活动的过程中，大家不仅体验着游戏带来的快乐，更感受到自己在游戏中不可或缺的价值，提升了教职员工的归属感，增强了教工之间相互配合、相互支持的团队精神和合作意识。

2. 活动建议

（1）建议选择秋高气爽的天气开展活动。

（2）今后多组织这样的活动，增加大家真正地放松自我、愉悦身心的机会。

（3）游戏项目多元化，满足不同参与人群的需要。

活动 8：团支部定向越野活动（集体活动）

活动背景

结合幼儿园教育改革，幼儿园实施自然、人本的组织管理模式。幼儿园利用农场的社会资源，组织全体教职工进行拓展活动，增强团队凝聚力，同时使教职工的身心得到放松。

活动宗旨

本次定向越野以“回归自然、陶冶情操、完善自我、融炼团队”为宗旨，以磨炼教师意志，活跃园所文化，提高教师的工作热情和增强团队凝聚力为目标，树立幼儿园教职工积极乐观的教师形象，激发教师的团队合作意识，促进教师归属感的建立。

活动目标

1. 提高教师的工作热情，增强团队凝聚力。
2. 激发教师的团队合作意识，促进教师归属感的建立。

活动时间

2018 年 9 月 30 日。

活动地点

鹏渤农场。

参加人员

全体教职工共 140 人。

活动准备

1. 经验准备：活动前，团组织委员带领团小组长和各组行政组长进行场地踩点。

2. 材料准备：各组闯关地图，每个闯关点的提示牌和道具，音响设备。

3. 场地准备：清理干净各游戏场地，在启动仪式的主场地上悬挂活动条幅。

人员安排

主持人、各游戏负责人、摄影、摄像、报道各 1 人，医护人员 3 人，安全巡视员若干。

活动程序

以年级组为单位，将教师分为小班组、中班组、大班组、后勤组、实验分园组、大石桥分园组，六组进行两个小时的定向闯关游戏，参赛者要依靠路线图的标识，依次寻找六个闯关点，用最短时间完成比赛者为胜。

闯关内容以团队游戏为主，融入有关园所文化的问题，促进全组人员共同完成，取得胜利。

1. 闯关点一：园所文化。（幼儿园八字园训是什么？园标的含义是什么？）

2. 闯关点二：解手链。

解手链是一个十分经典的团队游戏，通过共同协作完成任务，让大家体验团队协调以及全局和局部的关系，更重要的是让队员间学会相互配合与沟通。

游戏规则：

（1）全组人围成一圈，面朝内站立；

（2）所有人举起右手，并与对面的队友举起的右手相握，然后左手握住身旁人的左手；

（3）大家一起在手不分开的情况下解开这个用手编制的手链。

（4）注意事项：告诉大家，这个手链肯定是能解开的，只不过有两种解开的结果，其一为所有人面向圆心的一个封闭的圆形（图 1）；其二为两个相套的圆形（图 2）。

图 1

图 2

3. 闯关点三：成语接龙。

由闯关点负责人说出开头的成语，如“坐井观天”，下面接的人就要说以“天”字（也可以说同音字）开头的成语，如“天长地久”。每组连续接 10 个词为完成。

4. 闯关点四：通过指压板。

全组人员依次脱鞋，在指压板上跳绳 6 次，全部通过指压板为完成。

5. 闯关点五：过电网。

全组通过由麻绳编制的网状区域，不能碰到网，全组通过电网为完成。

6. 闯关点六：齐心协力穿脱衣。

小组排成一队，排头一人穿好 T 恤，与队伍面对面站好，第二名成员面对第一名成员，和他两只手臂重叠，弯腰，两人头相互顶在一起。安排一名成员帮忙把 T 恤穿到第二名成员身上，第二人赶快向后转身，与第三位成员做好手臂重叠和头顶头的动作，帮忙穿 T 恤的成员继续将 T 恤转移到第三人身上。以此类推，所有成员都穿过衣服为完成。

7. 活动路线图（图 3）：

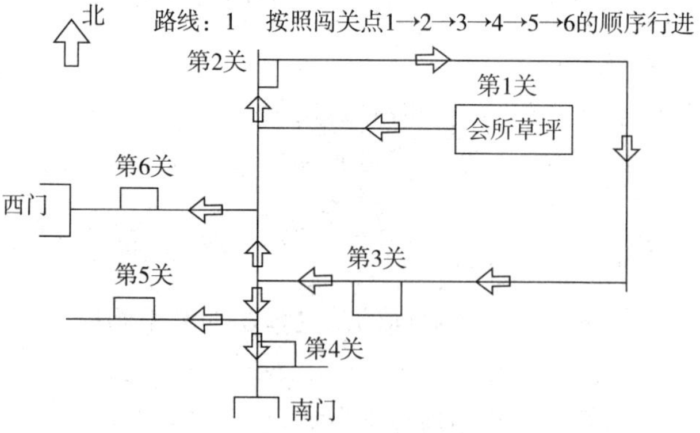

图 3

活动总结

（一）参与教师反馈（随机）

本次活动的参与人群为全体工作人员，共计 140 人，年龄层次从 60 后到 90 后，跨度很大。此活动的反馈形式以现场访谈为主，被采访人数 30 人，岗位包括班主任、配班教师、助教老师、后勤人员，收到反馈 30 份，摘取部分反馈如下：

李老师（工作岗位：助教；教龄：30 年）

我好喜欢今天的活动，在闯关时，我们小组的所有人共同努力，非常棒！我特别没想到的是，问到园训和办园宗旨时，我们组最年轻的新入职的老师回答得快速而准确。说明她也已经融入咱们的大家庭了，我很高兴！

屈老师（工作岗位：配班教师；教龄：2 年）

看见姐姐们都积极地参加游戏，我更不能示弱，我们组得了第一！特别喜欢这次活动，我觉得来二幼真是做了正确的选择，这是个有爱的大家庭！

（二）观察与分析

1. 活动分析

这次户外拓展活动，从表面上看是愉悦教工身心的一次活动。从更深层的意义看，闯关游戏能够凝聚小组团队力量，促进教职工们朝着“爱生活，悦工作”的教师培养目标发展，推动教职工职业价值感的建立。

本次活动无论从形式上还是内容上，都受到了全体教职工的喜欢，并充分展现了幼儿园教师团结一心，力争上游的风采。

2. 活动建议

（1）活动时间可以依据园所情况适当延长，以 2～3 小时为宜。

（2）活动前期准备时，可以收集各年龄层教职工的活动意愿，为活动方案提供素材。

（3）活动后更多关注并跟进教师的工作状态，及时给予鼓励。

活动 9：向老教师致敬（集体活动）

活动背景

二幼建园 35 年来，教师队伍逐渐扩大，老中青齐全，年龄分层非常多，入职年限从 1 年到 35 年不等，其中中青年教师的比例越来越大。中青年教师相较老教师来说，活泼有朝气，富有创新精神，接受新事物快，然而他们的奉献精神、爱岗敬业精神和扎根幼儿园的精神还比较欠缺，经验也相对不足，而这正是二幼老一辈教师们的优势和宝贵资源。因此，为了更好地传承二幼精神，发扬老一辈教师的优良传统和作风，帮助中青年教师更快更好地成长，全面提升二幼的教育品质，特设计本活动方案。

活动宗旨

弘扬老教师们立足本职、甘于奉献、爱岗敬业、扎根幼儿园的精神，同时使老教师的自我认同感得到提升。帮助中青年教师向身边的老教师学习，更好地发扬和传承二幼精神，从而使教师团队更具有凝聚力。

活动目标

1. 弘扬老教师爱岗敬业、扎根幼儿园的奉献精神。
2. 号召青年教师向榜样学习，传承二幼精神。
3. 树立良好园风，提升幼儿园整体的人文工作氛围。

活动时间

2017年2月至2017年7月。

活动地点

1. “走近老教师”座谈会的地点由各组安排教室。
2. “不忘初心、爱在路上——向老教师致敬”的活动在电大园区多功能厅。

参加人员

全体教职工。主要参与人员为18位老教师、团小组长、青年教师代表、团支部成员。

活动准备

1. 经验准备：所有青年教师了解老教师的工作经历。
2. 材料准备：各组策划座谈会方案，设计邀请函，老教师的生活照及工作照，活动当天诗朗诵稿，老教师回顾并自述与幼儿园情怀的文字稿，致敬小片，音乐，老教师服装，奖杯，赠送的书刊。
3. 场地准备：会场外拱形门，安排老教师及领导坐中间的座位，家长代表坐后排座位，教师以组为单位就座，会场内用气球渲染气氛。

人员安排

1.“走近老教师”座谈会由各组的团小组组长负责督导。

2.“向老教师致敬”微信推送活动由办公室老师、团支部老师负责。

3.“不忘初心、爱在路上——向老教师致敬”活动由团支部老师总负责。

4. 诗朗诵：青年教师代表。

5. 致敬小片：安排一位教师负责。

6. 奖杯、书刊：安排一位教师负责。

7. 场地布置：青年教师。

活动程序

1.2 月：“走近老教师”座谈会。各组同时开展，后附活动案例。

2.3 月至 6 月底：微信推送“向老教师致敬”的相关内容（办公室、团支部），后附活动案例。

3.7 月：“不忘初心、爱在路上——向老教师致敬”活动（团支部），后附活动案例。

（1）欣赏《不忘初心、爱在路上》专题片。

（2）为扎根幼儿园 25～30 年的老教师颁奖。

（3）青年教师发表感言。

（4）青年教师代表进行诗朗诵。

（5）老教师合唱。

活动反馈

（一）参与教师反馈（随机）

本次活动的参与人群为全体教职员工，活动形式有分组、微信平台推送、集体，活动反馈形式为微信推送平台自愿跟帖、现场访谈、活动后约谈，现场被采访人数共计 10 人，岗位包括主班、配班、助教、后勤人员，摘取部分反馈如下：

1. 讲述人反馈

杨师傅（工作岗位：厨师；工龄：28 年）

这是我第一次登上舞台展示自己，当我登上台的那一刻，我的泪水就涌了出来，虽然我是一位厨房人员，但是却受到了这么多人的关注与认可，我认为自己的工作太幸福了，我会一直在这里干下去。

杜老师（工作岗位：厨师；教龄：30 年）

感谢“向老教师致敬”活动，让我重温了自己 30 年的工作历程，我自己都觉得老教师们的工作很令人感动、很伟大。我觉得老教师这些好的工作作风和优良传统应该传承给年轻人，同时，我们也应该面对自己的劣势，向年轻老师学习她们的创新精神和活力，老中青携手共同努力，让二幼越来越美好！

李老师（工作岗位：主任；教龄：25 年）

一路走来，我在这座“大花园”的每一个角落都烙下了自己的足迹。我享受繁忙的工作，学会思考、学会选择、从不畏惧。这次的回顾让我深深地感到了职业幸福感，我觉得我们幼儿园之所以能够发展到今天，理念越来越先进，成为一所了不起的集团幼儿园，其中一部分原因是这里有我的智慧与奉献，这里有我的青春与汗水，我觉得无比自豪。我愿意通过学习不断提升自己，在今后的日子里更好地为我们的幼儿园服务。

武老师（工作岗位：办公室干事；教龄：25 年）

一路走来，感悟点点滴滴，工作纵然是繁杂而艰巨的，但是正是这些细碎的工作记录了我的成长，让我深深地感受到幼教工作不仅有汗水、有泪，同样有花、有果、有香、有色，而且更多的是努力前行的幸福味道！

2. 聆听人反馈

范老师（工作岗位：配班；教龄：13 年）

这次活动是难得的学习机会，我一定会向老教师学习，以良好的心态对待工作，沿着老教师扎根二幼、奉献二幼的前进方向，勤勤恳恳，为二幼的发展添砖加瓦。

毛老师（工作岗位：助教；教龄：5 年）

通过“向老师致敬”活动，我深知作为人类灵魂的工程师，必须具有高尚的道德品质，对孩子要有慈母般的爱心，而且要通过学习来充实自己，才能胜任我们的工作。

刘老师（工作岗位：配班；教龄：7 年）

通过这次活动，我深深地感受到老教师扎根二幼的奉献情怀，他们是执着的创业者，我们更要做好执着的守业人，把老教师的精神发扬光大。

郭老师（工作岗位：主班；教龄：18 年）

小事见精神，平凡见伟大。老教师们虽然没有惊天动地的伟业，但是他们对教育事业的信念，用自己的言行实现了对工作和生活的承诺，这就是我们青年教师需要学习的地方。感谢各位老教师给了我们榜样的力量和不断追求进步的力量。

3. 微信推送跟帖

赵老师（工作岗位：办公室干事；教龄：19 年）

分两次细细读完你的故事，每一次都是画面感十足，都会被你打动。距离虽远，但合作多次，你骨子里的坚韧、执着、责任一直都在！似火一样热情，似风一样行动！向你致敬！

张老师（工作岗位：办公室干事；教龄：20 年）

工作中的大咖，生活中的大拿，同事眼中的全能选手，朋友眼中的知心朋友，热心、善良、正直，学习的榜样！向姐姐致敬！

贺老师（工作岗位：主班；教龄：30 年）

知性、美丽、温婉。在我的眼中，你就是幼儿教师职业女性的典范，永远优雅、出色，永远先行一步。向我的偶像致敬！

兰老师（工作岗位：配班；教龄：10）

对于我来说，常常领略到的是每次教研时您娓娓道来、风趣幽默又温暖贴心的主持或总结。您的专业度高，让我情不自禁地仰慕！您在身边，我就会感到安全和温暖，向您致敬！

（二）观察与分析

为了发掘老教师的优秀工作事迹和踏实肯干、扎根二幼、奉献二幼的精神，给青年教师起到示范和激励作用，提升幼儿园整体的工作精神风貌，幼儿园开展“向老教师致敬”活动。历经一个学期的时间，每个小活动结束后都会对参与活动的教师进行现场访谈以及活动后的约谈。

此活动总体上针对的是幼儿园全体教职员工，但对不同的人群又各有侧重点。对于工作 25～30 年的老教师，围绕她们进行的这一系列致敬活动，可以发掘她们身上的宝贵资源和深深的正能量，让老教师们充分提升价值感和成就感，从而大大提升职业幸福感，还有利于她们继续保持一如既往的工作热情和后劲。对于工作不足 25 年的各岗位教职员工，她们都可以从自己的角度去感受老教师们的精神事迹，受到激励和启发。事实证明，活动很有成效，历经近一个学期的时间，大家清晰地看到了老师们的成长变化。活动从始至终都是一些年轻教师们在组织、策划，这些人更多地从活动中看到了老教师们的精神，在老教师们的事迹中寻找自己的身影，同时也找到了自己想要的答案。老教师们都有过年轻人的冲动与不安、热情与斗志，然而是经历让这些冲动变成了经验，让不安变成了创造，现在从她们的脸上看到的依然是热情和向往，对未来的憧憬。一群人用 30 年的时间执着地去做一件事情，这样的坚持引发了年轻教师们的思考和细细品味。

当然在活动中，这些老教师的变化也很明显。老教师是把“双刃剑”，她们有着丰富的工作经验，但同时由于自身身体原因或参加工作时间较长，容易产生懈怠，她们的工作态度、行为、言行直接影响到年轻教师和整体幼儿园的氛围。老教师在幼儿园的比重不小，如果能把老教师良好的工作作风和工作经验传承和发扬下去，一定会很好地带动年轻教师，促进幼儿园的发展；否则老教师的负面能量也会给年轻教师带来巨大的不良影响。“向老教师致敬”活动不仅仅提升了老教师们的成就感和价值感，同时也让老教师们看到了自己的影响力与责任，责任感再次得到提升。

活动中，老教师写出了与幼儿园30年的情感与工作历程，同时也勾起了她们对当时工作状态的回忆。在小组座谈会中，大家从幼儿园的宏观蜕变、老教师年轻时的照片以及她们的深情讲述中，感受到幼儿园的今天是她们用汗水、青春与梦想铸就的。每位年轻教师都被老教师的爱岗敬业精神深深感动，不禁流下泪水，她们是当之无愧的楷模，年轻教师的责任感、价值感切实得到了提升。此次活动还发送到微信公众平台上，让所有家长、老师都能看到，对老教师的工作价值是一种肯定，在挖掘老教师精神的同时，也带动了年轻人积极的精神状态。

“向老教师致敬”座谈会的开展，可以让年轻教师聆听老教师过去的事情，了解老教师当时的工作状态，对老教师的工作予以肯定。我们还邀请家长代表参与活动，让家长感受到这个团队的温暖。

附1：“走近老教师”座谈会活动方案之一

忆往昔、爱如初

——“走近老教师”座谈会之实验分园实施方案

活动宗旨

爱是一缕阳光，梦想是一股力量，它们时刻温暖着我们的心。为弘扬老教师们立足本职、甘于奉献、爱岗敬业、扎根幼儿园的精神，团支部通过轻松的访谈，让青年教师走近她们，了解她们，零距离感受老教师的美德，向她们学习，更好地传承二幼精神，特组织本次座谈会。

活动目标

1. 全体教师向老教师学习爱岗敬业的精神。

2. 了解老教师几十年如一日的具体工作。

活动时间

2月24日下午4：30。

活动地点

总园多功能厅。

参加人员

二幼老教师中的三位老教师、全体实验教师。

活动准备

1. 经验准备：为三位老教师发送邀请函，全组人员对于进入组内的几位老教师的工作经历有大概的了解。

2. 材料准备：气球50个，活动音乐，3个大爱心，20个小爱心，3个题板，30张A4纸，3支记号笔，年轻教师每人一枝鲜花，开场PPT小片（三位老教师从刚毕业至今，近30年的工作历程照片），年轻老师对三位老教师的祝福视频。

3. 场地准备：提前一天布置场地、吹气球。

人员安排

访谈主持人2名，摄像、摄影、小组报道、问题征集、PPT小片和歌曲播放、音响和电脑连接各1人，自爆气球环节3人。

活动程序

1. 播放开场PPT小片。

（1）全体实验教师、主持人、三位老教师提前就位。

（2）主持人开场，引出小片。

2. 真心话、大冒险（访谈15分钟）。

（1）主持人邀请三位老教师到前面就座，邀请另一位主持人。（一

位教师负责给老教师搬椅子）

（2）老教师自我介绍。（哪年参加工作、遇到过什么困难、难忘的或感人的工作故事等）

（3）游戏。

主持人提问，老教师通过写题板回答（如老教师中谁是第一个恋爱的?），答案与其他人不同的接受自爆惩罚。

自爆惩罚方法：每位教师身后有一名年轻教师拿着吹足的气球和一根牙签，在答错的老师头上把气球扎爆。

3. 悠悠情愫（访谈 30 分钟）。

（1）三位老教师讲一讲她们年轻时对幼教事业的悠悠情愫。

（2）开心爆料环节：主持人分别请三位老教师爆料自己或另外两位老教师的搞笑故事。

（3）请三位老教师分别讲一讲对年轻教师的期许。

4. 心心相碰（访谈 20 分钟）。

（1）请现场年轻教师向老教师提问。

（2）请年轻教师现场发表感悟（随机）。

（3）心心相碰活动。

给三位老教师每人一颗大爱心（心形纸），同时播放开场时的 PPT 小片。请每位年轻教师把自己的小爱心贴到其中一位老教师的大爱心上，并与这位老教师拥抱。小片播放完，年轻教师一起向三位老教师献花。

5. 播放祝福小片，表达年轻教师对老教师的祝福。

6. 主持人宣布活动结束，合影留念。

附 2："走近老教师"座谈会活动方案之二

忆往昔激情岁月，爱如初坚贞不渝

——"走近老教师"座谈会之小班组实施方案

活动宗旨

通过与这些教龄将近 30 年的老教师进行面对面交流，让后辈力量找到标杆，继续传承老教师们的二幼精神，默默无闻、兢兢业业、鞠躬尽瘁、奉献一生！

活动目标

1. 向老教师学习爱岗敬业的精神。
2. 了解老教师几十年如一日的具体工作。

活动时间

2017年2月24日下午4点半。

活动地点

小四班。

参加人员

师傅组（老教师）3人，徒弟组（年轻教师）为小班组15名成员。

活动准备

1. 经验准备：小班组每位教师对三位老教师的工作经历进行简单的了解，并拜其中的一位老教师为师。

2. 材料准备：玫瑰邀请卡3张，并提前赠送给三位老教师，18枝玫瑰花，一个婚礼礼花筒，已经有徒弟签名的3张拜师卡，写有数字1～18的数字卡片，录制好的小班组所有成员对三位老教师的寄语视频，大字报1张（1张大牛皮纸上面写有12条描写三位老教师特点的信息，分别用纸条进行提前遮挡）。

3. 场地准备：10盆花，16盆绿萝，3个转椅。

人员安排

主持人、统筹、总顾问、活动PPT制作、寻找活动背景音乐、摄像、收集三位老教师年轻时的照片的人员各1人，布置活动现场、摄影各2人。

活动程序

（一）热情欢迎

1. 主持人开场，请三位老教师进门，场外一位老师打开礼花，给三位老师惊喜。

2. 所有小班组成员起立鼓掌欢迎老教师的到来。

3. 主持人邀请三位老教师就座。

（二）众里寻她

播放 PPT，主持人邀请大家在 PPT 里的老照片中寻找师傅们的身影。

（三）原来是她

1. 猜猜她是谁。

玩法：在主题墙上贴上大字报，依次出现上面的 12 条信息，将小班组成员分成三组比赛，请大家抢猜这些信息描述的是谁？猜对的组插一朵小花，所有信息出示完后，猜对率高的组为获胜组，奖励是向三位师傅提一个小请求，请三位老教师出一个代表来接受请求，马上付出行动。

目的：走近三位老教师，真正地了解其生活习惯、爱好、家庭关系等，做到不论她是什么身份、什么职位，都像家人一样去关心她这个真实的人。

2. 我想请教您。

每班出一个代表向三位老教师提一个问题，听听老教师们扎根二幼、奉献二幼的激情岁月以及爱与感恩的故事，学习技能与经验。

Q1：是什么信念让你们从年轻一直坚持在幼儿园工作到现在的？

Q2：在工作中遇到棘手的事情，您是如何与家长沟通的？

Q3：当你们在工作中出现倦怠时，是怎样调整自己的状态的？

Q4：如何在繁忙的工作中保持活力四射？

Q5：刚入职的我，虽然每天都很忙碌，但是内心却很迷茫，找不到前进的方向，如果是您，要怎样克服呢？

（四）心有灵犀

1. 玩法：准备写有 1～18 数字的 18 张数字卡，贴在每个人的脑门上，每个人都可以看到别人的数字，却不知道自己的，所以，将大家分为两组，数字 1～9 组成第一组，数字 10～18 为第二组，然后进行从 1 到 18 的排列比赛，先排好的组为获胜组。

2. 目的：此团体游戏旨在让老中青各年龄段的教师团结一心，只要眼神的默契，不需要言语便一拍即合。

（五）拜师仪式

1. 主持人请三位师傅背对大家坐在转椅上，并宣布“请转身”。

2. 徒弟们在主持人宣布转身前，快速地站成一个心形队形，每人手里拿着一枝玫瑰花，等到师傅们转身后，三位青年教师从队中出列，以一颗虔诚的心，用双手捧着拜师卡对三位老教师真情告白。

3. 告白完毕后，集体拜师，齐声喊出“请受徒儿一抱”，大家纷纷根据拜师卡的签名去寻找自己对应的师傅，给她们一个大大的拥抱。

4. 听听三位老教师对徒弟们的祝福和期许。

（六）温馨片段

播放录制好的视频，师徒一起观看，了解徒弟眼中的师傅是什么样的。

（七）观看结束，组长做活动总结

（八）活动结束

组长组织大家合影，留下感动瞬间。

附 3：“向老教师致敬”微信推送活动方案

“向老教师致敬”微信推送活动方案

活动宗旨

为了让更多的人了解老教师的风采与事迹，进一步扩大宣传力度，我们利用现在的信息手段——微信、朋友圈进行推送，让社会各界人士了解幼儿园教师的扎根精神，对工作的兢兢业业，从而也能够更理解幼教工作的辛苦。

活动目标

1. 展示幼儿园老教师的风采面貌。

2. 向社会各界人士展示幼儿园教师的扎根精神以及对工作的认真态度。

活动时间

3～6月底。

活动准备

每位老教师准备好一份推送稿（推送稿由老教师本人撰写本人简介部分，同班教师以及同组教师书写自己眼中的老教师的事迹）、提前做好推送版面、做好推送时间安排。

活动程序

（一）审阅推送稿

推送稿是由老教师本人撰写简介部分，同班教师以及曾合作过的较熟悉的教师书写自己眼中的老教师的事迹，推送稿完成后由保教室进行一次审稿，再由办公室进行二次审稿，才能定稿推送。

（二）安排时间

每星期推送一位老教师的文章，按照老教师的教龄推送，先推送教龄最长的老教师的文章，推送过程中鼓励全园教师转发分享，鼓励家长阅读。

附4：“向老教师致敬”活动方案

不忘初心　爱在路上

——“向老教师致敬”活动方案

活动宗旨

“向老教师致敬”活动历经近一个学期的开展，无论是青年教师还是老教师，都对扎根本职工作、爱岗敬业的精神有了更深的认识。此次活动就是要展现老教师的风采，同时激发青年教师传承这种精神。

活动目标

1. 展示幼儿园老教师的风采面貌。
2. 凝聚团队力量，让这个家庭更温暖。

活动时间

7月5日。

活动地点

电大礼堂。

参加人员

全体教工、家长代表、上级领导。

活动准备

1. 经验准备：各小组开展“向老教师致敬”座谈会后，对于老教师爱岗敬业、扎根本职工作的精神有了清晰的了解。

2. 材料准备：气球若干，向老教师献花的90后教师服装（蓝色运动套装18套），老教师现场服装（旗袍18件），PPT课件，18束鲜花，图书若干，水晶奖杯18个，红地毯，拱形门。

3. 场地准备：在电子屏周围及电子屏所在墙的两侧和下面的空白处装饰气球，在两侧空的墙壁上适当点缀气球，后墙中间用气球装饰一颗大爱心。（由三位教师负责）

人员安排

主持人2名，场地布置3人，摄像、摄影、播放音乐、化妆、老教师合唱的负责人各1名，搜集专题片素材、写稿子、专题片制作各1人，诗朗诵稿撰写2人。

活动流程

（一）开场（2分钟）

介绍与会领导及嘉宾。

（二）播放老教师专题片（7～8 分钟）

主要内容：记录致敬活动从发起到各项活动实施中的剪影花絮。（动员会、2 月份座谈会、微信推送部分照片和互动留言）

（三）颁奖环节（30 分钟）

将 18 位老教师按在园工作年限分成五组，一组一组颁奖，给每位老教师颁发水晶奖杯，最后颁给工作 30 年的老教师。

1. 致颁奖词，推出各组老教师。

2. 颁奖：上级领导颁奖。

3. 老教师领奖发言。提前通知每个人准备发言稿（50 字左右）。

4. 现场采访，互动交流 5 分钟。现场采访老师们对致敬活动的感想。

（四）90 后诗朗诵（5 分钟）

年轻教师代表朗诵青春誓词。

（五）领导讲话（3～4 分钟）

园长、市领导讲话。

（六）老教师小合唱（5 分钟）

合唱《光阴的故事》《我们的生活充满阳光》。在歌曲间奏时给老教师送花。

（七）老教师为年轻教师们赠送书刊

二、心理活动

健康的身心可以给人强大的精神动力。借助幼儿园拥有多位心理咨询师的优势，本书设计开展了多项集体或小组的心理活动。教师在这些活动中接纳自己，读懂他人，逐渐变得温暖有爱，自带光环。

活动 1：感恩遇见你（分组活动）

活动背景

二幼是一个和谐友爱的大集体，教师们都是因共同的幼教事业相聚在一起。每个老师都有自己擅长的领域，大家只有真诚相待、互助成长，才能成就共同的事业，同时也成就自己。目前，老师们虽然每天都在一个园区工作，但是由于工作繁忙，大家难得坐在一起面对面真诚沟通、深入交流、互相学习。由此设计本活动方案。

活动宗旨

本活动旨在发掘并发挥个人和团队的优势、正向资源，让大家以一颗“感恩遇见”的心进行爱心传递、真诚沟通、团结协作，打造更和谐友爱、更高效的团队，提升教师们的价值感、使命感。

活动目标

1. 挖掘每个教师身上的优势，让每个人都感受到自己是团队不可或缺的重要一员。

2. 发现团队存在的问题，团队中的教师们群策群力、互相激励，共同寻找解决方案。

3. 通过教师之间互相传递爱、感受爱，打造有温度的团队，增强团队凝聚力。

4. 通过不同形式的“感恩遇见”活动，提升教师的公平感、价值感、成就感，激发教师更强的使命感。

活动时间

2017 年 9 月至 2018 年 1 月，各年级组根据实际情况，利用教研时间和其他时间自由开展。

活动地点

各个教研组教研场所。

参加人员

各组行政组长带领本组全体成员参加。

活动准备

1. 经验准备：深刻理解活动的宗旨和目标，了解团队的实际情况和建设需要，了解老师们的状态、需求以及活动所需的理念和技术。

2. 材料准备：各组根据实际情况进行准备。

3. 场地准备：各组根据实际情况进行准备。

人员安排

各组根据实际需要安排。

活动程序

1. 各组在领会活动总体精神和内涵的前提下，提炼梳理本组的具体宗旨和目标。

2. 各组制订出本组活动的具体方案并做好相应准备。

3. 各组根据实际情况开展活动。

4. 各组做好本组活动的记录、总结和教师反馈工作。

附部分教研组活动方案：

（一）“感恩遇见”之“小宇宙的力量”

（大石桥分园组）

活动宗旨

挖掘每个人身上的正能量，增强团队成员的使命感。

活动目标

1. 增进教师间的感情，挖掘每个人身上的正能量。

2. 树立“我是有能力的，我可以为这个集体做出贡献”的理念，增强团队成员的使命感。

活动时间

2018年1月5日。

活动地点

中班教室。

参加人员

分园全体成员。

活动准备

1. 经验准备：知道团队中每个人身上的优点，至少两个；知道自己遇到问题时应该找谁寻求帮助。

2. 材料准备：海报纸、记号笔。

3. 场地准备：教室中的桌椅靠边摆放，中间留出空地，便于活动时围成圈。

人员安排

主持人、记录员、摄影、摄像、报道各1人。

活动程序

1. “双圈致谢”活动。

第一次致谢：所有人分成人数相等的两组站成内外两圈，外圈人按逆时针方向转动，依次向里圈人致谢一圈，即向每个人说出自己的感谢，每人致谢两分钟，由主持人控制时间并提示换人。

第二次致谢：里圈人向外圈人致谢，方法同上。

2. “优点大爆炸”活动。

拿出大海报纸，记录每位教师的优点，要求活动中的每位成员都要说出这位老师的两个优点，不能重复。

3. “我们需要你的帮助”活动。

请每位成员对其他成员说出自己需要她帮助的事情，为自己寻找动力的源泉。(形式与致谢一致)

4. 成员分享自己当下的感受。

5. 活动总结。

我们每一个人都是优秀的、有能力的，我们每一个人都能够为这个集体做出贡献，让我们共同努力，使我们这个小集体更加团结向上。

（二）“感恩遇见”之“感恩遇见、互助成长”

（总园小班组 SWOT 分析会）

活动宗旨

分析小班组的现状，根据现状找出问题，大家共同商讨解决方法，促进组员之间的真诚沟通，激发每个人的主人翁意识，调动每个人参与团队打造的责任意识。

活动目标

1. 用 SWOT 分析的方式了解小组现状，找出存在的问题。
2. 全组教师群策群力，商讨解决问题的方法，提升大家的参与意识。
3. 通过团队游戏调动大家的积极性，激发教师们的使命感。

活动时间

2017 年 11 月 3 日。

活动地点

总园小一班教室。

参加人员

总园小班组全体教师。

活动准备

1. 经验准备：会使用 SWOT 分析方法。
2. 材料准备：四张大海报纸，并全部提前画好 SWOT 分析表格，爱心树一棵（用于挂励志卡片），彩笔一盒，黑色记号笔 3 支，移动黑板 1 个，心形卡片、励志卡片若干，桌签 3 个（桌签名分别为开心、幸福、轻松），音乐《刚好遇见你》和一首轻音乐。
3. 场地准备：桌子 3 张，桌签放于桌上；椅子每人一把，共 18 把；

大屏幕显示“感恩遇见　互助成长”。

人员安排

总负责人为教学组长、行政组长；摄影、记录员各1名。

活动程序

1. 行政组长主持开场。

(1) 请老师们根据自己喜欢的桌签就座。

(2) 总结开学这段时间大家的状态，说明此次活动的目的。

2. 团队游戏“双圈致谢”活动。(播放音乐《刚好遇见你》)

方法：同上一个活动中的致谢活动。

3. 描绘共同愿景。(5分钟)

大家希望自己所在的小班组是一个什么样的团队？请每个人用一个词来表达，如和谐、友爱、互助、专业等。为每个人发放心形卡片，每个人将自己的“共同愿景”词语写在心形卡片上，并分别到前面说出自己的想法，然后把卡片贴在黑板上。(此环节的目的是共同梳理本组要形成的组风)

4. “我来助力我的家”SWOT分析。(30分钟)

请团队成员自然分成三组，分别从“和谐团队的打造”和“展示小班组的特色”两方面分析小班组的优势、劣势、机遇和挑战。各组分别用头脑风暴的方式，针对劣势和挑战部分找到解决的办法。每组使用一张SWOT分析表进行记录。(每组选出一位小组长、一位记录员。小组长负责本组的活动，保证每个成员都发言)

5. 小组代表发言，最后形成共识。(20分钟)

(1) 三个小组各自选出代表进行发言，阐述自己小组的想法。

(2) 将三个小组的想法汇总到SWOT分析总表上。

(3) 针对小班组面临的问题，梳理出解决办法。共同针对解决办法，按照轻重缓急做出标记，哪些是马上就要做的，哪些是人人都要做的，哪些是要慢慢积累的。(此环节将小组共同的愿望承载在每个人的身上，明确每个人身上的责任，希望每个人都能够为小班团队的和谐发展贡献自己的力量，激发大家的使命感)

6. 我要做、我能行。

大家一一发表自己的想法：看到这样一个团队，我能做什么？

7. 小组成员为共同的愿景励志加油。(播放轻音乐)

为每个成员发放一张励志卡片，请大家在后面写上适合团队的励志话语，写完一一分享并挂到爱心树上。

8. 合影结束。

(三)“感恩遇见”之“把感恩进行到底”

(实验分园组)

活动宗旨

二幼实验分园是个和谐友爱、激情飞扬的团队，这里的教师们除了拥有满腔的热情和对工作的热爱，更是一直怀着一颗感恩的心对待身边的每一位伙伴、家长、孩子。此次活动旨在将实验友爱、感恩的团队精神发扬到新高度，将感恩行动进行到底，让感恩、感动在每个人之间传递，打造更加和谐友爱的实验团队，增强教师们的公平感、价值感。

活动目标

1. 向身边的姐妹传递爱，感受她们的爱。
2. 分享爱的甜蜜，凝聚团队力量。

活动时间

2017 年 9 月至 2018 年 1 月。

活动地点

实验分园音体室。

参加人员

实验分园全体员工。

活动准备

（一）启动仪式准备

1. 经验准备：主持人理解策划方案，熟悉活动程序，发言人提前做好发言准备。

2. 材料准备：爱心盒、爱心卡片各 32 个（同参加人数），绘本故事《爱心树》PPT。

3. 场地准备：播放温馨的轻音乐作为第一、二环节的背景音乐，小椅子数量与人数相同，摆成半圆形；在备课室布置“爱的神秘屋”（将爱心盒装在备课室中一个多格柜子中，寓为“爱的神秘屋”），并制作“爱在行动”记录表，布置在“爱的神秘屋”一侧，作为后面两个环节的场地。

（二）活动成果展准备

1. 经验准备：全体教师都参与过此活动的启动仪式部分，提前邀请园长。

2. 材料准备：启动仪式中抓拍照片的PPT，爱心树1棵，蓝丝带若干，邀请函1张（给园长），每人为想要与之表达的人写一封简短的信，来表达爱与感恩，并装在老师们各自的爱心盒中，每人准备一张自己抓拍的日常友情照片，要求体现老师之间的互爱、互助、真情互动，温情音乐。

3. 场地准备：在音体室，用六张桌子两两拼成一个正方形，然后铺上桌布，摆上盆花，将三个正方形的桌子摆放成半圆形；小椅子的数量与人数相同，摆于桌子周围。

人员安排

主持人 2 位，启动仪式发言代表 4 人（70 后 2 位，80 后和 90 后各 1 位），绘本故事《爱心树》的 PPT 准备及讲解 1 人，成果展 PPT 制作 1 人，园长邀请函、“爱在行动”记录表的制作 3 人，摄影、摄像各 1 人，报道和邀请电视台由大二班负责。

活动程序

（一）启动仪式——爱的神秘屋（9 月）

1. 主持人开场。

2. 感受爱的力量，激发感恩的情感和传递爱的意愿。

(1) 欣赏绘本故事《爱心树》。

(2) 各年龄段（70后、80后、90后）代表结合平时与同事间的友情，说一说欣赏绘本故事《爱心树》后的感受。

(3) 给每人发放一张爱心卡纸，写出“爱的寄语”。

3. 领导宣布活动启动，并为“爱的神秘屋”挂牌。每位教师把自己的爱心寄语贴在一个爱心盒上。

4. 在“爱的神秘屋”前合影。

备注：全程播放轻音乐。

（二）感恩在行动（10～12月）

1. 10～12月，在每个月的规定日期以前，老师们把自己精心准备的小礼物放在每个爱心盒里。

2. 10～12月，每个月在规定的时间，老师们打开一次爱心盒，分享甜蜜。

3. 专门安排一位老师用照片的形式将放礼物、打开爱心盒分享礼物的过程记录下来。

（三）活动成果展——爱在感恩（1月）

1. 主持人开场。

2. 邀请园长闪亮登场并讲话。

3. 播放之前活动照片的PPT。

4. 最后一次揭晓礼物盒，找几位教师代表读自己收到的信，感受爱与被爱。

5. 分享友情照片并挂在爱心树上。

6. 爱的蓝丝带：大家互相在手腕上系上蓝丝带，意为要把爱心传递到永久。

7. 集体在爱心树前合影，活动结束。

备注：全程播放温情音乐。

活动反馈

（一）参与教师反馈（随机）

本次活动的参与人群为全体一线教师和部分后勤人员，活动形式为分组进行，活动反馈形式为现场访谈以及活动后利用微信平台进行访谈，被采访人数共计35人，岗位包括主班、配班、助教、后勤人员，收到反馈30份，摘取部分反馈如下：

谭老师（工作岗位：主班；教龄：20年）

一直觉得自己是渺小的，觉得大家都比自己强，通过这次活动我才发现，原来自己也有大大的力量，原来自己对大家来说很重要，喜欢这种被需要的感觉，今后会更加努力！

杜老师（工作岗位：主班；教龄：28年）

一直觉得自己的年纪比较大，没有年轻人那样灵活的思维，通过今天的活动，我知道我的经验是年轻人向往的、想要学习的，每个人身上都有很多自己看不到的优点在向外散着光，我会将我的光散到更多的地方！

康老师（工作岗位：配班；教龄：25年）

在“双圈致谢”环节，我都没有说够，这种感觉太好了，这种形式也太好了，我喜欢。我们平时的教研都在说工作，像今天这样自由的谈话活动，我们太需要了。我们平时在工作中几乎没有聊天的时间，表达感谢的机会更是少之又少。我太感动了，听着一句句的感谢，我觉得我很重要，对别人表达感谢的时候，我也很真诚。

郭老师（工作岗位：助教；教龄：4年）

我都热了，真的，我感觉越说越热，这个活动是有温度的活动，我感受到了很多，像理解、关怀、信任、鼓励。平时我们都羞于表达，其实，爱和鼓励是要说出来的，我们不用太内敛。

董老师（工作岗位：主班；教龄：10年）

通过今天的活动，我更爱我自己了。我觉得我在日常生活中做的小事得到了别人的感谢，说明我本身是释放正能量的。而且，组长送给我的书签，上面的“当你开始爱自己”融进了我的心灵。

范老师（工作岗位：配班；教龄：18年）

当怀着一颗感恩的心去看待身边的人时，心态会有很大的变化，尤其在打开神秘宝盒的瞬间，姐妹们之间互相赠送的礼物映入眼帘，我感受到的不仅仅是一份礼物，还是一种关怀、一种温暖。

赵老师（工作岗位：主班；教龄：30年）

活动从策划到开展，我一直参与，虽然还没有结束，但一直感觉很美好。这个活动是个有温度的活动，28个礼物盒摆放在备课室里，不仅给这个严谨的工作空间增加了温暖和活力，而且让这里的人释放压力，拉近了彼此的心灵。

白老师（工作岗位：主班；教龄：20 年）

平时大家的工作都很忙，沟通比较少。正是这样的活动使我们大家的距离更近了，也使我们对彼此多了一些了解，更在心里多了一份感动。每一份礼物都是大家用心去准备的，倾注着真情，倾注着爱。

刘老师（工作岗位：主班；教龄：23 年）

活动让我们更加温暖，更加亲近，有时间慢下来享受美好，享受身边的一点一滴。我们会用心装饰自己的礼物盒，精心地挑选最暖心的礼物，我们也会期待拆盒时的惊喜。我们会给对方一个温暖的怀抱，真诚地说声感谢。原来，我们能做的事情很多；原来，我们身边有这么多感人的小美好……

牛老师（工作岗位：助教；教龄：3 年）

在第一次开启礼物盒的时候，我没有想到会有满满一盒子的贴心礼物，有温暖身体的暖宝贴，呵护双手的护手霜，贴着暖心标签的闲暇小零食，还有每天必用的可爱的圆珠笔等，我感到无比暖心、贴心。我很高兴和大家一起乘上“幸福号”列车，开向二幼灿烂的明天。

司老师（工作岗位：助教；教龄：1 年）

相遇、相识、相知，我们每天在一起为同一个目标努力，默默无闻地为彼此做着细小却温暖的事。我们习惯性地给彼此“同事”这个称呼，却早在心底里把你我当成朋友、家人。本次活动让每一个人都得到了爱的滋养。

邢老师（工作岗位：配班；教龄：8 年）

“感恩遇见你”活动延续了一个学期，每一天都会有期待，每一次开启爱心盒都会有惊喜。这是一个有温度的活动，这样的活动让大家感受到了暖暖的情，在繁忙的工作之余放松了身心，毋庸置疑，这次活动是成功的。我希望这样的活动一直延续下去，让这份感情长久流淌。

（二）观察与分析

这次“感恩遇见你”的团队活动，每组在幼儿园大的活动主题精神和目标的引领下，根据本组的实际需要找出细分主题和目标创意开展本组活动。活动策划都是在征求了本组教师们意愿的基础上产生的，因此教师们的参与积极性都非常高，内心都有所触动。

在本次活动中，不同形式的致谢环节打动人心，大家都用最真挚朴实的语言表达对每位老师的感谢，营造了充满爱的温暖氛围，让教师们心与心的距离迅速拉近，感情升温。通过不同形式发现每个伙伴的优点，并向伙伴表达需要的活动，让每位教师清楚地看到了自己更多的优点，提升了自信，同时也使得小组成员更加团结。小组成员一起使用SWOT分析方法进行头脑风暴，共同分析小组的优势和不足，并找出解决办法，使得小组成员有了清晰、一致的目标，从而产生共同努力的动力和工作热情。

各组不同形式“感恩遇见你”活动的开展，为每位教师的心间都注入了一股股暖流，让每位教师都感受到团队的支持、团队爱的怀抱，同时强烈地感受到自己是被肯定的、重要的、优秀的、被需要的、有能力的，存在感和价值感倍增。而教师们描绘共同的愿景，为了共同的目标群策群力，在发现问题的同时迸发出许多解决问题的办法，又使每位教师感受到团队的力量和成就感，有效地激发了教师们工作的动力、热情和使命感。

活动2：激发行动内驱力——中层分享会（分组活动）

活动背景

二幼的中层干部各个都很优秀，积极进取、有担当、有能力、能引领，但是他们的潜力还没有充分发挥出来，每个人都有需要提高的地方，尤其是经过较长一段时间高强度的紧张忙碌后，中层干部们也会感到疲惫、内驱力减弱，这就需要帮助中层们重新找到努力的方向，激发潜力，提升内驱力和工作热情，由此设计本活动。

活动宗旨

本活动旨在推动幼儿园的可持续发展，提高中层人员的整体素养，激发每个人的行动内驱力。让中层干部们回味工作和生活中的收获与成长，以携手共好、服务教学为中心，以共同期待美好未来为愿景，为园所发展献策出力。

活动目标

1. 激发幼儿园中层领导的行动内驱力。
2. 让教师感受到工作的价值与幸福感。
3. 后勤、教学、办公室三位一体，携手前进，共创佳绩。

活动时间

2018年10月11下午2：30。

活动地点

教学组在园长办公室，后勤组在总务处，办公室组在总园音体室。

参加人员

全体后勤人员，全体办公室人员，总园和分园教研组长、行政组长、干事，全体园领导。

活动准备

1. 经验准备：提前告知所有参会者本次会议的目的、意义和程序。

2. 材料准备：背景音乐，报纸若干，碳素笔，围绕工作和生活提出的五个问题的问卷，黑板，海报纸。

3. 场地准备：桌椅围成圆圈。

人员安排

1. 办公室组：行政园长主持。

其他工作人员需求：摄影、记录、场地准备、资料整理各 1 人。

2. 后勤组：后勤园长主持。

其他工作人员需求：摄影、记录、场地准备、音响各 1 人。

3. 教学组：保教园长主持。

其他工作人员需求：摄影、记录、场地准备、活动报道、音响各 1 人。

4. 场地布置：各组参与人员共同准备桌椅。

活动程序

1. 8 月份：各组以“感恩遇见你”为主题挖掘本组的具体活动宗旨和目标，策划本组活动方案。

2. 9 月份：各组及时开展本组的“感恩遇见你”活动。

3. 活动结束后，各组结合现场情况收集整理教师反馈，做好记录并总结活动效果。

4. 各组负责人互相交流活动效果，做好总结。

附 1：办公室组中层分享会

携手共好　努力前行

活动宗旨

为推动幼儿园可持续发展，提高办公室人员的整体素养，激发办公室每个人的行动内驱力，为本学期接下来的办公室工作打下良好的基础。

活动目标

1. 回顾自己本学期的工作，树立“我能行”的信念。
2. 明确工作愿望。
3. 规划美好期待。

活动时间

2018 年 10 月 11 日下午 2：00—5：00。

活动地点

总园音体室。

参加人员

办公室全体成员，共 6 名教师。

活动准备

1. 经验准备：提前告知本次会议的目的、意义和程序。
2. 材料准备：园歌《爱在一起》。
3. 场地准备：桌椅围成圆圈。

人员安排

1. 主持人：行政园长 1 人。
2. 其他工作人员需求：摄影 1 人。

活动程序

（一）热身活动

齐唱园歌《爱在一起》，拉开本次会议的序幕。

（二）自我剖析

每个人说出开学这段时间，自己在工作中的收获、不足及今后的努力方向，用1～2个工作中的事例来分析自身存在的问题。

（三）互助共好

为了成长和进步，组内每个人结合事例对其他人进行分析，指出不足，真正做到红红脸、出出汗。

（四）共同期待

把对他人成长的期待写到办公室微信群里。所有办公室人员共同携手前行，温暖他人，合作共好，给予力量。

附2：后勤组中层分享会

收获成长　期待美好

活动宗旨

明确本学期的工作重点与工作思路，激发中层人员的活力，做到主动学习、自我增值，提高自身的业务水平与管理能力，起到领路人的作用。

活动目标

1. 树立管理层的形象，明确自己的职责和责任。
2. 端正自己的工作态度，打造自己的小组团队。
3. 为小团队制订计划，步步推进，共进共勉。

活动时间

2018年10月11日下午2：30—7：00。

活动地点

总务处办公室。

参加人员

后勤园长及中层干部共计7人。

活动准备

1. 经验准备：提前告知本次活动的流程与目的。
2. 材料准备：《甩葱歌》音乐、报纸若干、碳素笔。
3. 场地准备：椅子围成圆圈。

人员安排

1. 主持人：后勤园长1人。
2. 其他工作人员需求：音响、摄影、记录各1人。

活动程序

（一）明确会议主题

后勤园长主持，提出我们这次会议的中心议题是“加油！鼓励！谈心！成长！”

（二）从感受入手，觉察自己，说本学期的收获

每个人说出自己这学期在工作和生活中的收获，其他人分别对发言人提出建议或者希望。

（三）游戏“玩雪球”

每人一张报纸，在报纸上写上对我们这个团队的希望或者建议，写出最美好的期待。将报纸揉成球，音乐响起（《甩葱歌》），大家互相投掷报纸球，投掷几遍后音乐停止，每个人打开报纸球，大声读出里面的词语，给自己力量，给团队人员鼓励和信心。

（四）后勤园长进行总结

肯定后勤中层领导干部在日常部署工作中的智慧和能力。同时，希望整个团队通力合作、互相理解、互相支持、共同进步。每位后勤中层

干部要有强烈的责任心和使命感，为幼儿园的发展出谋划策、凝心聚力，共同构建幼儿园的美好蓝图。

附3：教学组中层分享会

温暖遇见　敢于担当

活动宗旨

本次活动以“和爱一起长大”为主旨，结合办园目标、园训、管理理念、园风、教风、学风等内容，旨在提高教学组中层教师的工作内驱力，让每位中层教师在不同程度上有所提高，为今后工作的开展加油鼓劲。

活动目标

1. 通过采访的形式，让老师加深对彼此的了解，在互相支持下携手前行。

2. 感受这个团队互相滋养的幸福感，提高工作内驱力。

活动时间

2018年10月11下午2：30。

活动地点

小会议室。

参加人员

园长及保教园长，总园和分园的教学组长、行政组长、保教干事、电大园区负责人等共计13人。

活动准备

1. 经验准备：提前让大家了解活动流程，对问卷采访内容有所准备。

2. 材料准备：打印好的13份问卷、碳素笔若干、海报纸若干、抽签用的卡片纸13张（其中有五张卡片纸上分别写有数字1、2、3、4、5)、《爱的奉献》音乐、小音箱一个、椅子13把。

3. 场地准备：将13把椅子围成圆圈。

人员安排

1. 主持人：保教园长。

2. 其他工作人员需求：摄影、记录、撰写报道、资料整理各1人。

活动程序

1. 保教园长致开场词。

2. 在《爱的奉献》背景音乐声中，请13位教师在15分钟内完成问卷。回顾过往的工作，寻找初心，憧憬美好未来。

3. 抽签采访环节。

(1) 抽签游戏，确定每道题目的主持人。准备与人数相等的白卡片，其中有五个卡片上写着编号1、2、3、4、5，其他的卡片上没有数字，抽到了带编号卡片的人按照编号顺序做主持人进行采访，如抽到编号1就代表抽到“1”的人现场采访的题目为1，以此类推。

(2) 采访环节。以问题为线索，从第一个题目的主持人开始，对现场的所有人进行随机采访。采访者和被采访者都要坐到前面，类似访谈节目。(此环节有游戏性，又富有挑战性，传播正能量，触发内心的感动，审视自己岗位职责的完成情况)

4. 双人舞游戏。

情景再现，进行角色扮演，感受换位思考。

玩法：三人一组，准备四个问题，抽到问题后两个人扮演角色，第三个人作为观察者。时间允许可以互换角色。接着，三人进行小组分享，大组派代表分享。最后进行集体冥想——创造你自己的形象，提升个人能量。

准备的四个问题很关键：尽量贴近教研组长在日常管理中容易遇到的问题。问题如下：

(1) 组长做事遇挫，抱怨，自我价值感降低；

（2）领导派任务，内心抵触、拖延；

（3）家长事情多，内心反感；

（4）组里分配任务，接受任务不愉快。

5. 保教园长根据访谈情况和双人舞游戏进行整体梳理、总结提升。

6. 园长针对今天的会议内容进行总结讲话，明确岗位职责，确定目标，鼓励大家遇事多换位思考，勇于担当，和谐愉快地工作。

附附4：教学组问卷题目

一路同行　温暖遇见　敢于担当（问卷）

1. 你参加工作多少年了？当初是怎样与幼儿教师这个职业结缘的？（可以用几个关键词表示）

2. 在你的工作生涯中，带给你幸福骄傲和美好感动的是什么？（用三个词告诉我们，也可以举例）

3. 在二幼这个大家庭中，你在与同事相处的过程中，你最想说的是什么？（可以用三个词告诉我们）

4. 你如何看待目前的工作岗位和所担任的工作职责？满分是10分，你给自己打几分？为什么？

5. 在未来的工作中，你最美好的期待是什么？你有什么想法和决定？（用关键词说明）

活动反馈

（一）参与教师反馈（随机）

本次活动的参与人群为幼儿园全体中层人员，活动形式为分组。各组活动同时进行，后勤组由后勤园长及后勤中层人员参与，办公室组由行政园长带领办公室中层教师参与，教学组由保教园长带领教学组中层教师参与。反馈形式以现场访谈为主，被采访人数 15 人，岗位包括后勤园长、后勤中层教师、行政园长、办公室人员、保教园长、行政组长、教学组长、保教干事、电大园区负责人、会计、安全管理员、团支部书记。收到反馈 15 份，摘取部分反馈如下：

武老师（工作岗位：办公室人员；教龄：27 年）

我是个急脾气，工作中有时不太照顾别人的感受，说话声音有些大，大家提出的建议我会虚心接受，和大家一起成长。

徐园长（工作岗位：行政园长；教龄：31 年）

从事办公室工作这么多年，自己有些松懈，总是忙于手头工作，创新意识差，缺乏韧劲。有这么好的团队，而且是老中青三结合，我相信办公室人员定会齐心协力，为幼儿园的发展献策出力。

何园长（工作岗位：后勤园长；教龄：31 年）

我是一名老教师，还有四年就要退休了，原本我想安安稳稳地度过这四年。园长问我："近期还有什么目标?"我的思想有懈怠的趋势，况且遇到更年期，烦躁、记忆力下降，以前是事半功倍，现在是事倍功半。幼儿园有这么多事情，我不能推，不能后退。我要把身体调整好，提高办事效率，尽最大努力把后勤工作做好。

李老师（工作岗位：食堂管理员；工龄：28 年）

担任食堂管理员一年的时间，在大家的支持和帮助下我成长了很多。我们二幼园所多，共三个食堂，食堂的每个工作人员都是独一无二的个体，他们有着自身的优势和不足。作为管理者，要善于发现他们的长处并合理利用。在工作和生活中做到互相帮助，互相鼓励。还要不断地提高幼儿的伙食水平，严把安全关，在饭菜质量上，像对待自己的孩子一样工作，在精细度上随时注意，软硬适度。总园新食堂使用后，要管理现代化的食堂，对我是一个巨大的挑战，我会迎难而上！

高医生（岗位：保健医；工龄：26 年）

我有一个好的团队，现在我和李医生配合默契。我负责安排工作，具体的事宜都是李医生完成，同时也包括指导大石桥尹老师的工作。每月的体能测试，教给孩子们动作要领，锻炼身体，提高身体素质；在疾病防控方面，我们每天坚持执行晨午检制度，做到预防为主，坚持因病缺勤请假制度。近期"诺如"病毒比较活跃，我们更不能掉以轻心，在疾病防控上需要更加精心、小心。

张老师（岗位：电大园区负责人；教龄：22年）

工作中的幸福时刻真的很多。我的性格有一些强势，园所领导、姐妹给我很多的包容，那份滋养和包容让我变得更加真实。我感恩工作在这样的园所，发自内心的感动。我现在的岗位是组长，姐妹的支持、家长的信任让我很幸福。孩子们的快乐和收获是幼儿教师专属的幸福感。

龙园长（岗位：保教园长；教龄：31年）

在这里接受采访的感觉不一样，有点激动，刚才大家都在写的时候，我也在写，如“我们是相亲相爱一家人，我爱你们”“我们之间有碰撞，有分歧，在我的眼中都是过眼云烟，不要记着那些不美好，快乐工作，幸福生活”“感恩在座的每一位对我工作的支持”“感恩大家在工作中对我的包容”。每个人都有自己的渴求，都希望得到关注。

赵老师（岗位：保教干事；教龄：24年）

刚开始担任保教干事时有些摸不着头绪，今年的状态有些不一样了，顺畅了很多。经历了不适之后，我已经调整过来了，感恩挫折，感恩经历。教研组长和保教干事不分家，性质一样，不同的是“站位”不同，要站在孩子的角度帮助老师，让老师少走弯路。我现在对自己要求更高了，要努力做到最好。

（二）观察与分析

这次学期初的中层会议，采取按职责分组同时进行。各组园长担任本组活动的主持人，以本组教师目前的工作状态和在工作中出现的问题为切入点，进行了量身定制的学期初中层会议。此次中层会议让中层的每位教师寻找不足，吸取经验，互相抱持，相互滋养，为今后的工作加油、鼓劲。

这次中层会议是幼儿园本学期开学后所有中层总结经验、反思不足、驻守思索的加油站。通过此次活动，参加人员都不同程度地得到了提升。办公室工作具有时效性和前瞻性，是幼儿园的展示窗口，它起着展示形象、沟通前勤与后勤的重要作用，要为园所发展提供有力保证，因此不能有丝毫忽视。作为一名办公室工作人员，认真履行工作职责，充分发挥工作职能，切实提高工作能力显得尤为重要。大家相互鼓励、相互指正，使得办公室每一个成员在工作上尽量做到尽善尽美；后勤组人员进一步明确了各项工作的要求和重点，表示要再接再厉，保证本学期工作的顺利开展，将后勤保障工作做细做实；教学组人员在梳理问题的过程中相互学习、取长补短。

在这次学期初的中层会议上，不同领导对每一位中层人员现阶段的工作都给予了认可与高度评价，这让每一位教师深受感动。她们认为自己的工作得到了领导、同事的认可，所有的付出与辛苦都值得，自我价值感倍增。大家纷纷表示，一定会在自己的工作岗位上更加努力，绝不辜负领导的期望。另外，在团队活动中，每一位领导和这个团队的教师共同反思自己的工作，开展批评与自我批评。这让团队的教师感到幼儿园的领导和自己站在同一位置，都在为幼儿园的建设辛苦付出。尤其在了解工作的历程中，领导的付出更让这些中层教师看到领导的辛勤与艰辛，增强了所有中层教师的集体归属感。大家都在一起敞开心扉，毫无保留地说出自己的心声。遇到问题，大家互相出谋划策，相互滋养，相互抱持，让老师们的心靠近了。我们是工作上的搭档，更能感受到姐妹般的关爱。大家不约而同地感受到在这个团队工作的幸福感。

幼儿园各个部门要想做到高效配合，中层干部起着承上启下、沟通左右的重要作用。此次中层会议后，大家纷纷表示要在今后的工作中做到互相督促，互相鼓励，圆满高效地完成自己的本职工作。此次会议为幼儿园本学期的整体发展打下了良好的基础。

活动3：EPA团队成长计划（集体活动）

活动背景

随着人们生活水平的提高，生活压力也逐渐增加，快节奏的生活让人们很多时候忘记了关注自我。幼儿园教师更是如此，工作内容琐碎，每天忙忙碌碌，关注自我的时间就更少了。如何让教师们多关注自我，心灵更阳光呢？为了发挥幼儿园团队的力量，给予教师们更多的关爱，幼儿园特邀心理专家乔月老师来园培训指导，让教师们在有爱的集体中学习、成长、工作，这既为教师们营造了一个增进彼此交流的机会，也增加了对自我的关注、认可与肯定。

活动宗旨

为推动幼儿园更好更快地发展，使每一位教工在关注自我的同时，更多地融入集体，感受团队力量，增强教工归属感，特组织此次学习活动。

活动目标

1. 每个人得到鼓励与肯定，得到团队的关注。
2. 主动为团队奉献一份力量。
3. 学会相互理解，懂得感恩他人的付出。

活动时间

8月28日。

活动地点

总园音体室。

参加人员

全体教师。

活动准备

1. 经验准备：参与人员有参加心理培训的经验。
2. 材料准备：话筒两支、大屏打上会议标题、冥想音乐。
3. 场地准备：教师以组为单位围坐，场地干净整洁。

人员安排

1. 主持人：园长。
2. 其他工作人员需求：摄像、摄影、音响各1人。

活动程序

（一）热身游戏，活跃气氛

心理专家乔月老师带领全体教师进行冥想活动。

（二）分单元进行活动

单元一：感受自我

每人找6个同事（最好打破本班、本组、本园区界限），相互说出自己的喜好和自己最想听的话。通过这个环节可以让老师们了解他人的喜好，促进老师们敞开心扉，接近他人。

单元二：感受团队

分组说一说，在这个团队中，我做了什么，别人做了什么。用心聆听别人的心声，懂得同做一件事时，每个人的性格不同，做法也不同。帮助教师产生“我是团队的一分子，团队里不能没有我”的团队意识，增强团队凝聚力。

单元三：感受归属

在乔老师的引导下，通过游戏建立更强的团队归属感。

每个教研组的人员手拉手围成圆圈，看着大家的眼睛，感受来自这个团队的力量。轻声诉说自己对这个团队的感受，最后相拥在一起。

活动反馈

（一）参与教师反馈（随机）

本次活动的参与人群为全体教师，以集体讲解培训和分组（教研组）交流分享的形式展开，历时一天。反馈形式以参与教师现场访谈为主，每位参与成员都被活动的积极氛围所感染，用心表达出参与此次活动的感受。本次被采访人数 20 人，岗位包括班主任、配班教师、助教老师、后勤人员，摘取部分反馈如下：

贺老师（工作岗位：助教；教龄：29 年）

我在二幼工作快 30 年了，我的青春都在这里，可以说这里就是我的家。我每天来上班，感觉就跟回娘家一样。这次参加乔老师的活动，更让我深深地感受到我们这个小教研组中每个人给予我的力量。我一定要努力做得更好，我相信自己。另外，我还看到所有参加培训的老师的脸上都洋溢着幸福和满足，这是幼儿园给我们最好的礼物！

郭老师（工作岗位：配班教师；教龄：3 年）

我来二幼刚满三年，说起来时间很短，但好像又不短。我在二幼收获挺大的。首先说我们组，各位姐姐都很关心我，在工作中随时指导我，我很感谢她们。再说我的好朋友——然然和琪琪，我们每天都会聊天、交流，她们也给予我无微不至的关怀，是我一生最大的财富。可以说，当我听到每个人，甚至是我不熟悉的人对我的肯定与鼓励的时候，我心里特别开心，我要成为他们说的那样的人。

王老师（工作岗位：班主任、教研组长；教龄：15 年）

我是组长，当我看到我们组的老师们脸上的笑容时，觉得那么美好。她们拉着我的手，跟我说出心里话的时候，我感动得落泪了。我瞬间觉得，我们这一群人，就这么真诚地聚在一起，为了同一个目标而努力，是一件快乐的事。我爱我的团队，很爱。

（二）观察与分析

此次团队学习活动，从感受自我到感受团队、感受归属，每位教工都得到了鼓励与肯定。在得到团队关注的同时，活动也激发大家主动为团队奉献一份力量，学会相互理解，懂得感恩他人的付出，从而凝聚团队力量。

本次活动从乔月老师带领大家做冥想活动开始，伴随着舒缓的音乐，老师们放松自我、敞开心扉。接着，打破园所、教研组、班级的界限去找“朋友”，相互说出自己的喜好、自己最想听的话。这个环节让教师们冲破原有的“小圈”，融入幼儿园这个“大圈”，让一些平时沟通交流甚少的同事走近彼此，互相加深了解。此次活动除了为大家创造了一个增进彼此交流的机会，也增加了教师对自我的认可与肯定。紧接着，在“感受团队”“感受归属”的环节中，大家又与朝夕相处的同组教师畅聊心声，让大家真真切切地感受到理解他人、关爱身边人的重要性，产生“我是团队的一分子，团队里不能没有我”的团队信念，增加了自我价值感。同时，此次活动增强了团队凝聚力，对于今后的工作，尤其是即将开始的新学期的工作，起到了很好的推动作用。此类活动如果能在每个学期初进行一次，一定会有效促进每学期工作的开展和教师团队归属感的形成。

活动4：关爱心灵成长　提升职业幸福感（集体活动）

活动背景

幼儿园的工作繁忙、紧张、充满压力，时间一长，教师的心理健康问题就显现出来，如身心疲惫、工作热情降低等。而幼儿教师的心理健康水平直接或间接地影响幼儿的心理发展和行为，心理健康的幼儿教师对幼儿心理健康的维护和促进具有不可低估的作用，因此，维护和提高幼儿教师的心理健康水平是建设高质量幼教队伍的一个重要内容。为了指导教师保持良好心态、学习身心保健的方法，帮助教师们时刻充满正能量，幼儿园特邀心理专家入园培训。

活动宗旨

本次活动旨在让每位教师得到身心的放松、休息、安宁和力量，让教师有能力爱生活、爱工作、爱学生、爱家长、爱教师职业。为教师送上关爱，让教师从内向外地感受到被爱，学会自我关爱、自我调节，促进教师的心灵成长，进而提升教师的职业幸福感，更好地服务于幼儿和家长。

活动目标

1. 通过学习，让教师更好地了解“行为”背后的真相，更好地反观自我、认清自我，知道如何关爱自己、滋养自己，找到生命本身拥有的能量和价值，促进内在精神成长。

2. 滋养心灵，充分激发生命的潜能，让专业技能有根基，让技能提升得更快且可持续，让每位教师都能成为最好的自己。

活动时间

3 月 9 日至 3 月 11 日。

活动地点

总园音体室。

参加人员

全体教职员工。

活动准备

1. 经验准备：

主讲：心理专家，从事多年萨提亚培训工作，了解教师的现状和相关学习经验。

学员：知道团队中每个人身上的优点，有相关的心理学习经验。

2. 材料准备：每组 1 张 1 开牛皮纸、1 支记号笔、黑板、夹子。

3. 场地准备：电子屏幕“关爱心灵成长 提升职业幸福感——市二幼萨提亚心理培训”，凳子数量与参加培训教师的人数相同，沿场地周围摆成圆圈（活动分组后变成分小组围圈坐）。

人员安排

主持人、摄影、摄像、记录、电子屏幕调试、场地准备、撰写报道、资料整理各 1 人。

活动程序

（一）主持人开场

（二）热身游戏：一块五毛

游戏规则：在游戏中，按头发的长短分为五毛和一块，长发为一块（过肩即为长发），短发为五毛。游戏开始前，大家牵起手围成一圈，裁判站在圈外，让围成的圈逆时针转起来，在转动的过程中，裁判喊出一个钱数（如三块五、五块或六块五），裁判一旦喊出钱数，游戏中的人就要在最短的时间内组成那个数的小团队，比如裁判喊出“两块”，那么参加游戏的人必须迅速找到并抱住自己的同伴，还要保证与同伴的组合加起来正好是两块。

（三）破冰分组

8到10人为一组，各组成员进行自我介绍，如“我在这个组里是你们的荣幸，我能够为组里贡献……”

（四）分模块进行为期三天的学习

1. 第一模块学习

教师的核心修炼：了解自己、原生家庭、认识他人。

2. 第二模块学习

教师工作的基础：一致性沟通、冰山隐喻、情绪管理。

3. 第三模块学习

亲子关系。

4. 第四模块学习

亲密关系。

5. 第五模块学习

教师工作的最终目标：提升孩子的个体潜能及自我价值感。

（五）结束活动

1. 园长向心理专家致感谢词，并简短总结三天的培训活动，肯定老师们的学习态度和精神，期待大家的成长。

2. 教师们现场写出自己的感受并上交。

活动反馈

（一）参与教师反馈（随机）

本次活动的参与人群为幼儿园全体教职人员，活动形式为集体进行，反馈形式以现场访谈为主，被采访人数20人，岗位包括班主任、配班教师、助教老师、后勤人员，收到反馈20份，摘取部分反馈如下：

李老师（工作岗位：食堂管理员；教龄：29年）

三天的学习，作为受益者的我，内心收获的是满满的感动和温暖！我最大的收获是懂得了如何对待生活，生活就会如何对待我们。对人多一些宽容，少一些抱怨，把握好分寸，才能不断前行！

郑老师（工作岗位：班主任；教龄：17年）

三天的培训使我能够更加清楚地认识自己，虽然我还没有勇气，但我想改变一定会慢慢开始！同时感恩遇见的所有兄弟姐妹和亲人！

王老师（工作岗位：资料员；教龄：7年）

三天时间，美好的心灵之旅，我仿佛还置身在现场浓厚的学习氛围中。未来的路，带上觉察，付出行动，过好热气腾腾的日子！

张老师（工作岗位：助教；教龄：2 年）

感恩园长的引领，感恩家人们陪伴，我在这个有温度、有爱的集体中汲取着满满的正能量。三天的培训让我学会认识自己、接纳自己、关爱自己，让自己成为家人、孩子温暖的港湾，成长在路上！

牛老师（工作岗位：配班教师；教龄：10 年）

我感觉活动很有意义，让老师们重新认识自己，重新审视自己，让老师们能够先从学会关爱自我开始，好好爱自己，从而能够更好地爱家人、爱同事、爱孩子，也更加坚定了老师们为孩子付出真爱和热情的决心。

张老师（工作岗位：班主任；教龄：21 年）

通过三天的培训，我懂得了沟通的方法，也清晰地了解了自己和家人的性格，知道怎样更好地与他人相处，在亲子沟通方面也有了很大的进步。三天的培训，我收获了知识，收获了勇气。相信通过参加心理培训，我们会更加幸福，更加和谐。

王老师（工作岗位：助教；教龄：30 年）

通过这三天的心理课程辅导，我收获很多。第一天学习性格的分类以及特点，我第一时间和老公进行了分享，老公是妥妥的绿色性格，我说我也是绿色性格，他说你是红色性格才对。我反思了自己和老公这些年的相处方式，宽容的他容忍了我多少的任性和坏脾气，以后我要重新审视自己，改变自己，改变与老公以往的相处模式，让生活更美满幸福。

赵老师（工作岗位：保教干事；教龄：21 年）

三天的学习，让我获得了很多心理学方面的理论知识，让自己对以前发生的很多事情认识得更加清晰，也学会了很多解决问题的方法，受益匪浅。在今后的工作中，我要发挥自己的性格优势，和同事搞好关系。同时，我在亲子关系的沟通和问题解决方面有了很大的收获，知道以前在和儿子的沟通方面有一些问题，现在可以静下心来思考这些问题。

（二）观察与分析

这次萨提亚心理培训活动，从破冰分组并自我介绍自己的优点开始，让每个员工都能够发现自己的优点，逐层深入到了解性格的奥秘，进而认识原生家庭，学习体验一致性沟通，建立良好的亲子关系、亲密关系等，不同程度地滋养了每位员工，让教师从内向外地感受到被爱，学会自我关爱，促进教师的精神成长。

心理专家深厚的底蕴、活泼风趣的培训方式、深入浅出的讲解、丰富的培训内容深受教师们的喜欢。大家都非常珍惜宝贵的学习机会，全程积极主动地参与各环节的互动，用心学习并做笔记。教师们纷纷感谢园领导创造如此好的学习机会，让大家学到非常实用、有价值、需要的内容，为自己能工作和生活在二幼而感到自豪、幸运、幸福，为了二幼的明天愿意更加努力，使命感明显提升。

通过此次学习培训，教师们了解了性格的奥秘，从而更加了解自己和他人，认识了自己的原生家庭，练习了不同性格的沟通方式及应对策略，学习并体验了一致性沟通和情绪管理。教师们被恒河猴实验深深震撼，从而更深地领会了何为良好的亲子关系以及应该怎样建立好的亲子关系。还懂得了亲密关系的意义以及应该如何形成好的夫妻亲密关系。最后，培训活动达到了一个更高的层级，教师们学习了如何滋养自我及幼儿的内在力量，如何提升幼儿的个体潜能及自我价值感。此次培训让教师们的心灵得到了滋养，内心更加有力量，价值感得到明显提升。但参与互动环节的教师少，自我体验内化相对较少，因此可以增加互动体验环节，让更多的教师通过个案分析，联系自己的实际情况加以改进和学习。

附课程表：

模　块	具体内容
第一模块：教师的核心修炼——了解自己、原生家庭，认识他人	1. PPT讲述性格的奥秘； 2. 分组讨论并练习不同性格的沟通方式及应对策略； 3. 由性格类型的描述拓展至沟通姿态及压力下应对方式的学习； 4. 家庭图的学习及练习； 5. 运用所学到的压力下应对姿态呈现家庭雕塑； 6. 从家庭的视角出发，看原生家庭对一个人的影响； 7. 一致性沟通模式理论讲解及实操练习
第二模块：教师工作的基础——一致性沟通、冰山隐喻、情绪管理	1. 经典个人内在系统：冰山理论的隐喻； 2. 个案练习：以申请个案的案例为蓝本，具体演绎冰山的立体呈现； 3. 从案主及角色扮演者的视角来分享冰山各层次； 4. 情绪管理模型：观看恒河猴心理学实验视频；分享童年情绪记忆；体验情绪密码；分享如何与情绪做朋友；压力下的情绪舞蹈
第三模块：亲子关系	1. 分析视频：恒河猴心理学实验视频； 2. 亲子关系：介绍多元智能理论，讲解如何树立边界，亲子沟通及高品质陪伴；

（续）

模　块	具体内容
第四模块：亲密关系	1. 亲密关系：婚姻的概念与目的，爱的五种语言； 2. 婚姻的五个阶段、婚姻的沟通
第五模块：教师工作的最终目标——提升学生的个体潜能及自我价值感	1. 寻找自我关爱、关爱学生的资源； 2. 怎样滋养自我及学生的内在力量； 3. 关爱冥想； 4. 感恩园所、感恩家庭、感恩自己

活动5：激发班主任行动内驱力（小组活动）

活动背景

相较普通教师，班主任的工作更加繁重，承担着更大的责任。在繁重的工作下，有时难免会出现信心和动力不足的现象，尤其是一些年轻的班主任，因缺乏工作经验，压力下的心态就会变得更加不稳。如果能打造一个让班主任教师之间互相关爱、鼓励、信任的平台，就会提高班主任工作的积极性，帮助班主任们获得更高的价值感和使命感，从而以点带面，辐射带动全体教师队伍。由此设计本次活动。

活动宗旨

帮助班主任们通过活动关注自我、关爱心灵、接纳他人、拥抱灵魂，带领班主任回味工作生活中的收获与成长，共同期待美好的未来，从而有力地激发每个班主任的行动内驱力。

活动目标

1. 每个人得到鼓励与肯定，树立继续加油的信念。
2. 明确每个人在新一年的期许与愿望。
3. 为新学年的工作奠定坚实的基础。

活动时间

2018年1月24日下午2：30—5：00。

活动地点

总园音体室。

参加人员

领导班子及全体班主任共计31人。

活动准备

1. 经验准备：参与人员前期有参加心理培训的经验，主持人有相关心理学经验。

2. 材料准备：话筒2支、大屏打上会议标题、背景音乐（《甩葱歌》《无处安放》《我》《感谢你》《相亲相爱一家人》）、画有大心形的海报纸1张、便利贴1本。

3. 场地准备：椅子围成圆圈，场地干净整洁。

人员安排

1. 主持人：园长。

2. 其他工作人员需求：摄像、摄影、记录、音响各1人。

活动程序

（一）热身游戏，活跃气氛

播放音乐《甩葱歌》，教师们站立成圆圈，进行拍打游戏。（由其中一名班主任组织，从头至脚地拍打全身各部位）

（二）从感受入手，觉察自己，说本学期收获

每个人说出自己在本学期工作和生活中的收获，用2～3个感受性词语总结并描述。（背景音乐《无处安放》《我》）

（三）鼓励圈活动：你最想听到的鼓励你的一句话是什么?

玩法：教师围成里外双圈，里圈与外圈教师一一对应，闭上眼睛想十秒钟。外圈教师顺时针将自己最想听到的一句鼓励的话依次说给里圈的每位教师，然后里外圈互换，即里圈教师顺时针说给外圈的每位教师。（背景音乐《感谢你》）

（四）大声说出成长的期待

每个人一张便利贴，写出2018年最美好的期待，依次贴在画有大心形的

海报纸上，并大声说出来，给自己力量。（背景音乐《相亲相爱一家人》）

活动反馈

（一）参与教师反馈（随机）

本次活动的参与人群为园领导和全体班主任，参与人数共31人。反馈形式以现场访谈为主，被采访人数10人，收到反馈10份，摘取部分活动反馈如下：

张老师（工作岗位：班主任；教龄25年）

我是一个不善于表达的人，从实验园到总园有许多的不适应，但是收到了来自不同人群、不同形式的支持、信任，这些力量给了我爱的感受和成长，具体如下：

1. 来自领导的支持和信任。调到总园，从园长的肯定、徐园长的拥抱、何园长姐姐式的关怀到龙园长的信任，都让我在工作中、在心里有了很多的力量去面对自己的不适应。

2. 团队的力量。从小班开学典礼，办公室派出所有人员追踪记录小班入园，并为我们制作新生入园的视频，到中大班在忙碌的第一周积极参与到我们的迎新活动中，大家的支持让我感受到了团队的力量。

3. 来自组内老师的支持。这对于我这个新人来说真的很重要，一学期带着忐忑工作，却收获了大家的信任和支持。

李老师（工作岗位：班主任、教研组长；教龄15年）

我是一个新组长，在成为教研组长这半年，我感受到了所有人对我的关爱与支持，让我难以忘怀。我跟行政组长的沟通也在逐渐成熟，我觉得我拥有爱的力量，我处在爱的环境里，我一定能成长得更快。

（二）观察与分析

班主任在幼儿园中起着承上启下的重要作用，是幼儿园的决策意图得以有效推进和落实的重要环节和有力保证。因此，作为一名班主任，认真履行工作职责，充分发挥工作职能，切实提高工作能力显得尤为重要。本次活动引领班主任团体在温馨互动的氛围中，说出自己在这学期工作和生活中的收获、成长与进步。在“鼓励圈”中向同伴们说出“自己最想听到的一句鼓励的话”，收获鼓励与认可，给他人力量。最后，对新的一年许下新的期许和愿望，明确新的工作方向。通过此次活动，班主任教师们深深感受到“我好了，一切都好了”的含义，激发了班主任教师们的价值感、使命感，为新一年的生活和工作打下了坚实的基础。如果在进行此类活动之前，领导能够单独约谈班主任，了解其内心，就能使此类活动的目标性、指向性更强一些。

活动6：连接内心　掌握自我——探索情绪管理（小组活动）

活动背景

情绪是行为的指挥棒。在生活和工作压力大时，我们难免会出现消极情绪，所以情绪管理非常重要。如果能够善于掌握自我、善于调节情绪，以乐观的态度对待生活和工作中的矛盾和事件，教师们的幸福指数会增加，可以更阳光地生活，愉快地工作。早在一个学期以前，幼儿园的“心灵驿站”微信群活动让许多喜欢心理的教师相聚在一起，大家经常在群里分享一些情绪管理方面的内容。许多群中老师表示想深入学习“情绪管理”，希望组织线下活动，以便能够更好地管理自己的情绪，使心灵不断成长。

活动宗旨

关注自我，与自己的内心产生连接，探索情绪管理，获得心灵成长。初步认知并掌握情绪管理的技巧，达到身心愉悦、充分休息，从而快乐地生活与工作，提升职业幸福感。

活动目标

1. 认识并学习管理自己情绪的方法。
2. 在日常工作中能觉察自己的情绪并保持良好的心情。

活动时间

2018年4月18日。

活动地点

实验音体室。

参加人员

18位自愿参加活动的心灵驿站成员。

活动准备

1. 经验准备：主讲教师经过长时间且多次的学习与实践，熟悉情绪管理的方法策略，了解教师的现状与需求；参加成员具有相关的学习经验。

2. 材料准备：情绪概念讲解 PPT。

3. 场地准备：将 18 把大椅子围成弧形摆放，一个小方桌上铺好桌布并摆上花瓶，大屏幕。

人员安排

1. 主讲：保教主任（二级心理咨询师）。

2. 其他工作人员需求：主持人、摄影、摄像、记录、电子屏幕调试、场地准备、撰写报道、资料整理各 1 人。

活动程序

1. 谈话活动：最近困扰你的问题是什么？你对这次工作坊的期待是什么？

2. 体验活动“心手相连”。

做法：请大家站成两队，闭上眼睛，想一下一会儿你想碰到一双什么样的手，然后闭着眼睛一直往前走，直到碰到一双手后，感受这双手的温度、轻重、软硬、湿度、力度。如果你感觉这双手和你最初想象的一样，就拉着这个人走到座位上；如果不是，可以继续寻找，直到都找到朋友为止。当你听到铃声时就开始，再次听到铃声时就睁开眼睛，分享感受。

3. 讲解情绪概念。

什么是情绪—情绪的种类—情绪的由来—情绪困扰的内涵—情绪的形成—情绪的维度—情绪气象台。

4. 情绪的危害：对应的疾病。

5. 催眠助睡妙招：威尔士博士 4-7-8 呼吸方法。

第一步，闭上嘴巴用鼻子吸气，同时从 1 默数到 4。第二步，憋气的同时，从 1 默数到 7。第三步，嘴巴吐气，同时从 1 默数到 8。以上步骤重复进行直到入睡，坚持一段时间，效果更好。

注意事项：放松，关注呼吸，呼吸要柔和。

活动反馈

（一）参与教师反馈（随机）

本次活动的参与人群为 18 位自愿参加活动的心灵驿站成员，活动以小组形式进行，反馈形式以现场访谈为主。被采访人数 10 人，岗位包括班主任、配班教师、助教老师、后勤人员，收到反馈 10 份，摘取部分反馈如下：

张老师（工作岗位：分园负责人；教龄：20 年）

在体验环节中，我觉察并感受自己内心的一些需要和情绪，通过讨论和分享提升对自我的认识，找到了一些内心想要的答案，同时得到了放松，我感到非常开心。我又认识了情绪的过程，学习了情绪管理的方法，还学习了快速入睡的小窍门，觉得收获很大。非常感恩此次活动，希望可以多开展线下活动。

田老师（工作岗位：班主任；教龄：16 年）

今天的活动让我收获满满。通过亲身体验，我能够更加深刻地感受自己的真实需求，深刻地了解自己后，相信之后再遇到事情时，我能更好地让自己静下来，做出更好的应对策略。

刘老师（工作岗位：配班教师；教龄：6 年）

平时大家的工作都很忙，所以沟通比较少。正是这样的活动使我们大家的距离更近了，也让我们在了解自己的同时，对彼此多一些了解，更在心里多了一份感动，希望今后多组织这样的线下活动。

李老师（工作岗位：办公室人员；教龄 27 年）

今天的活动让我更加了解自己的情绪，也能够接受自己平时情绪的不完美，我更爱我自己了。通过分享，我觉得我日常做的小事得到了别人的感谢和肯定，说明我本身是释放正能量的。能够来到这个有爱的大家庭，我觉得特别幸运和幸福。

史老师（工作岗位：助教；教龄：3 年）

通过今天的学习、体验与分享，我觉得我更加了解自己了，对心理学的认识更近了一步。相信在今后遇到事情的时候，我会更好地觉察自己，运用心理学知识调节自己，让自己远离疾病，轻松愉快地工作和学习。

（二）观察与分析

这次线下活动，每位参加人员都是自愿报名。活动从谈话活动“最近困扰你的问题”开始逐层深入，体验和学习相结合，帮助教师们学会关注自我，与自己的内心产生连接，探索情绪管理，获得心灵成长，从而快乐地生活与工作。

本次活动采取自愿参与、互动体验的方式，使得心理学学习与体验不是浮于表面，而是真正深入并内化于每个人的内心，让教师对心理学有更深入地了解。大家都非常珍惜宝贵的学习机会，全程积极主动地参与各环节的互动。活动体验环节给了大家充分的闭眼感受时间，让每个人都能更好地去感受和觉察自己的内心。每个人都有机会分享且愿意分享，每个人在分享的时候都得到了关爱，使整个场域很温暖，每个人都得到了抱持，安全感得到提升。

通过此次学习，教师们了解了情绪的概念、情绪的危害及对应的疾病，学习并体验了催眠促睡妙招。此次活动，让教师们的心灵得到了滋养，内心更加有力量。参与活动的教师们纷纷表示非常喜欢心灵驿站组织这样的线下活动，今后有这样的活动还会参加，为自己能工作和生活在二幼而感到自豪、幸运、幸福，愿意为了二幼的明天更加努力，使命感明显提升。

三、专业活动

教师的自我认同更多来源于自我能力，所以，专业技能的提升直接影响到教师成就感、使命感的获得。开展丰富的专业活动成为团队活动中不可或缺的一部分。

活动1："行走在课堂上"课程月活动
——以安全课题推广与开发为例（分组活动）

活动背景

"创设模拟情境，培养幼儿自我防护能力的研究"这一课题是幼儿园"十二五"的立项课题。通过课题组教师实施课题内容，实验班幼儿在拥挤、火灾、地震三方面的自我防护意识显著提升，但是没有参与的教师对于这一课题的内容和实施过程并不十分了解，没有参与的幼儿在拥挤、火灾、地震三方面的自我防护意识也很薄弱，并且随着课题的进一步实施和推广，安全教育课程的内容稍显不足。

活动宗旨

幼儿园安全课题"创设模拟情境，培养幼儿自我防护能力的研究"经过深入的实践研究与专家指导，形成了对幼儿在拥挤、火灾、地震三方面自我防护教育的园本课程。为进一步增强幼儿自我防护意识，提高配班及保育员教师对园本课程的熟知及使用能力，推进不同层次教师的教育教学水平，帮助参与教师在课前说课、分层上课、集体听课、及时研课的过程中有自己的收获与成长，并研发出更多适合幼儿安全教育的新课程内容，特制订"行走在课堂上"课程月活动方案。

活动目标

1. 提升幼儿的自我防护能力，提高教师对安全课题的熟知和使用能力。

2. 帮助不同层次的教师获得自我成长，提高自我认同感和价值感。

3. 实现“创设模拟情境及幼儿探究式学习三部曲”的推广、应用与创新。

活动时间

2017年2月底至4月。

活动地点

各班教室。

参加人员

全园配班教师及保育员教师。

活动准备

1. 经验准备：熟悉安全课题课程的活动流程，掌握“探究式学习三部曲”原则。

2. 材料准备：活动课件、照相机。

3. 场地准备：根据活动需要创设适宜的模拟情境。（如活动“火灾逃生小卫士”，需用栅栏、椅子、拱形门等创设有电梯标志、安全出口标志的“超级玩具城”，里面分三个区，分别投放毛绒玩具、拼插玩具、图书）

实施方向

1. 推广组：按照原有园本课程的实施方向。

2. 创新组：根据幼儿现实生活需要及经验，探索“当心陌生人”的主题内容。按小中大班三个年龄段划分，分别为小班：不跟陌生人走、不要陌生人的东西；中班：拒绝陌生人的诱惑、陌生人敲门我不开；大班：不向陌生人透露信息、陌生人来了我不怕。

人员安排

（一）课程策划组人员任务分工

撰写课程月活动方案、收集活动教研记录、整理活动的照片视频、梳理教师研课案例、收集推优展示教师的感受、撰写课程月反思与效果分析各1人。

（二）参与活动教师人员分组

结合参与活动的教师现状与安全课题教学经验丰富程度，将所有参与人员分为两组，分别为推广组和创新组。

1. 推广组：较少安全课题实施经验的教师 18 人，在自己所带的年龄班进行园本课程的推广活动。

2. 创新组：具有丰富安全课题经验的教师 12 人，依托安全课题实践与推广活动进行“当心陌生人”主题安全教育新课程体系的研发。

（三）课程实施安排

1. 推广组：依托课程月、安全周的课时安排，参照自己所在年龄段的安全课题课程，按质按量完成安全教育推广活动，尤其是新入职教师（入职 6 年以内）要加快对安全课题课程中“模拟情境三部曲”的实践，并在实践中努力拓展课程，做好延伸活动的探索，提高教学能力，为课程月成果展示奠定基础。

2. 创新组：根据“当心陌生人”的主题内容，结合自己所在年龄段、班级幼儿现状，设计并实施适宜的安全教育活动，完成安全课题新课程体系的研究、开发及成果资料的收集整理，并在课程月成果展示上进行全园观摩与推广。

（四）课程实施策略

1. 推广组：拷贝安全课题资料包→分组学习资料包内容的使用方法（小中大班分组，以老带新）→分组说课→分层上课→跟进研课→推优课。

2. 创新组：创新课程研讨→撰写教案→分组说课→重复上课、研课→推优课。

3. 结合《3～6 岁儿童学习与发展指南》、安全课题资料、教师不同水平层次以及班级幼儿现状，用不同的方式组织说课活动。

活动程序

（一）形成并公布工作计划

1. 安全课题组制订课程月实施方案。

2. 安全课题组研讨课程月实施方案。

3. 安全课题组组长利用班主任例会公布课程月实施方案。

（二）组织培训

1. 以班级为单位学习有关安全课题的园本课题书籍《创设模拟情境，培养幼儿自我防护能力的研究》。

2. 安全课题负责人利用全园教研时间培训“安全课题内容”“模拟情境创设”及“探究式学习三部曲”。

（三）活动实施

1. 以推广组和创新组为单位，各组负责人根据各组的人员，在不打破常规教学的基础上，制订说课、上课、研课的实施方案，具体安排到人、班级和活动的时间段。

2. 各组依照实施方案开展为期一个月，共三轮的说课、上课、研课活动。

（四）成果展示

1. 推广组推选出 3～6 节优秀活动，创新组推选出 4～6 节优秀活动。

2. 课题组负责人制订成果展示实施方案，具体安排到人、班级和活动的时间段。

3. 根据实施方案开展成果展示活动。

（五）反思与效果分析

1. 以推广组和创新组为单位开展交流分享活动。

2. 每位教师以随笔的形式就本次活动记录自己的体会、反思以及活动的效果分析。

活动反馈

（一）参与教师反馈（随机）

本次活动的参与人群为全园配班教师及保育员教师，以分组形式展开。历时两个月，参与人员达到 150 多人次。反馈形式以参与教师撰写活动反思为主，每位参与成员都站在自己的视角用心记录了参与此次活动的感受，共收到活动反思 50 余份，反馈人员岗位包括课程组长、配班教师、保育员教师，摘取部分活动反思如下：

焦老师（岗位：课程小组长；教龄：20 年）

我在本次活动中负责推广组教师的引领工作，进行了研课、说课、上课、调整、再上课等一系列活动。在这个过程中，每个人都细细体会了课程带给我们的成长，也充分感受到“探究式学习三部曲”和模拟情境的魅力。虽然过程很辛苦，但是结果是令人满意的，通过本次课程月推广活动，受益的不仅是参与的所有教师，还有可爱的孩子们，因为我们一起享受着探索知识的过程。

我作为推广组的组长，带领的成员几乎都是新人，这对于我来说是一个极大的挑战。首先在培训内容的安排上要做到通俗易懂，容易被新入职教师所接受，所以在培训时我以真实的课例为依托，帮助新教师真正理解“模拟情境创设”“探究式学习三部曲”。培训后，所有教师均拷贝了安全课题资料包，便于教师在自我学习的时候有抓手。同时，在课程的选择上尽量选择一些情境好创设的、三部曲明显的课程，这样对于新教师来说更容易把握。本次活动火灾课题选择的是“火灾逃生小卫士”，地震课题选择的是“地震活命三角区”，拥挤课题选择的是“取物拥挤”“快乐拼图”，每个子课题都涉及，便于以后子课题其他课程的开展。最后，在说课、上课、研课活动时，课前让每位教师把课程的教学过程理顺一遍，说说自己的新想法，上课时记录自己的灵感，课后多反思提炼，便于促进自身成长。这样的工作其实也是我的弱项，还好有主任和教研组长的帮忙，让我们的推广课得以顺利进行。

活动过程中给我感触最深的就是年轻人的活力，每个人上课都有自己的风格，效果也是不一样的。老师们在评课中能主动发言，找到自己和他人闪光的地方，做到多反思、多提炼。值得欣喜的是，此次活动后，新教师的反思意识和能力在不断增强，真正做到了在实践中学习，在学习中反思，在反思中成长。曹老师的“快乐拼图”和刘老师的“地震活命三角区”在展示周活动中表现很棒，得到了评课老师和领导的肯定。作为新教师，她们为二幼注入了新的生机和活力，看到她们的成长，就仿佛看到了二幼的希望，我也深刻体会到扎实有效的园本教研具有不可替代的重要作用，它能够有效促进教师个性化、特色化的发展，使得整体教学质量稳步提升。其实通过参加此次活动，我们每个人无论是对课程的把握，还是对活动的巧妙组织都收获满满，我们会继续自己的成长之路。

司老师（岗位：保育员教师；教龄：2 年）

时间匆匆而过，转眼间，安全课的推广与创新工作已落下帷幕。在这两个月的时间里，老师们一起研课、上课、评课，而我有幸成为其中的一员，在这个过程中收获、成长。非常感谢领导给我这次学习和展示的机会，给我勇气和动力去挑战自己。还有给予我指导和帮助的老师们，正是她们的鼓励和毫无保留的指导，让我信心倍增，让我明白要尽自己最大的努力上好课，这样才不会辜负她们的耐心指导。

从刚开始知道要上安全课时的忐忑、迷茫和焦虑到上完课之后的坦然，从听取老师们给我建议和指导到观看自己上课的视频，这样的过程让我更清楚地认识到自己的不足之处，也明确了今后的努力方向。

一开始，我整天想的都是安全课到底怎么上，这节课我上不好该怎么办，而现在我想的是怎样上好今后的每节课。通过自我反思加上老师们的指导和建议，我从以下几点确定了今后的努力方向：

勤思考。“学而不思则罔，思而不学则殆”，思考在 30 分钟的时间里，我要带给孩子什么，重点要让孩子学会的是什么。课后及时反思，这节课的成功之处在哪儿？哪些地方可以再改进？我的失败之处在哪儿？为什么会失败？冰冻三尺非一日之寒，上一节精彩的课，也绝非一朝一夕就能做到。我渴望成长，但不会急功近利，脚踏实地做好备课、上课、课后反思等每一个环节的工作。

多学习。“学高为师，身正为范”，熟知教学内容，了解相关理论，课堂上与幼儿互动交流，包括表情、眼神、手势、语气等，在今后上课时，我会特别注意并努力改善，早日做到眼里、心里都有孩子。

常练习。作为年轻的新教师，教学经验较少，我要对着小椅子练课，争取不那么紧张，在语言的衔接上也更加自然流畅。

多承担。安全课之后，我不止看到了自己的不足，也更清楚自己的优势。正是上课时暴露出来的问题和不足，使我意识到自己还有很大的进步空间，有大把学习和锻炼的机会。之前觉得困难带给我的只有挫败感，现在事实告诉我，困难给了我十足的信心，满满的能量和动力。善于挖掘、利用身边的资源，努力抓住幼儿园给予的每一次机会，多承担，多向经验丰富的教师们学习。

给自己信心。我是一个习惯于否定自己的人，遇事总是第一时间给自己消极的暗示，告诉自己我不行。但是有了这次上安全课的经验之后，我彻底改变了这种想法，知道在困难和挑战面前应有的态度。无论干什么事，面临怎样的挑战，如果自己否定自己，那就真的做不到。相反，如果能够给自己信心和力量，就能尽自己最大的努力去做好。不会的我可以学，不懂的我可以向老师们请教，但请给自己敢于尝试的勇气和机会。记得刚上完第一次安全课时，张老师问我有什么感受，我说我还想多上几节，我能看出来张老师其实是来为我鼓劲加油的，看到我这样的反应，张老师可能会觉得惊讶。而现在，我还是一样的态度，以后只要有机会我就报名，我不只要上公开课，还要上得精彩。

（二）观察与分析

在历时两个月的活动中，从活动策划组积极谋划活动方式，到教师说课、上课、研课，再到后期的成果展和活动分享，无一不让我们感受到他们对本次活动积极、热情的态度：经常看到三五成群的教师围绕着一个教学案例“争执”得不可开交；经常看到教师为了活动中的某个环节反复揣摩；也会看到教师在活动后，脸上洋溢着的自信和幸福的笑容……此次活动，名师工作室成员和班主任一直在背后默默地支持和引领，把活动的主动权真正交到配班教师和保育员的手里。这一活动让参与教师看到了自己身上的能力，他们说课、上课、研课的水平都有了不同程度的提高，与此同时，他们自身的公平感和价值观倍增。每当在某一环节有困惑时，工作室成员和各位班主任会一起和他们商讨解决方案，大家归属感倍增。

1. 活动分析

广。本次参与课题推广的教师涉及总园、分园的所有配班教师和保育员，参与研课上课的教师共 50 人，这是规模最大的一次课程月活动。推广课程涉及小、中、大所有年龄段的课程，涉及的内容既有原有研究点，又拓展出新的研究点。

新。在本次课程月中产生了新的课程小组长，凸显出年轻、自信的青年教师团队，促使本园年轻的教师队伍日渐成熟起来。教研模式采取分层开展，促进了不同层次教师的成长。同时，在原安全课题的基础上研讨出新的安全课题内容，进一步完善和丰富了本园的安全课题资源。

真。活动过程中的研讨都是基于问题的真实教研。从课程月实施中目标如何调整、模拟情景如何创设、记录表如何使用等，到课程展示周中的评课活动，每次的教研内容都源于在实践中发现的真问题。如此“真”的教研活动，教师也是“真”地成长着、幸福着。

课程月的开展、分层发展、全员联动，让每位教师都在其中体验着自己的工作使命感，并从中感受到团结的力量和成长的幸福。

2. 不足和建议

（1）课程月可以按照教师的发展水平分层进行，也可以按照年龄组进行。

（2）关注一线教师的教育教学水平，活动应该更加日常化、持续化。

活动 2：我的区域我做主（集体活动）

活动背景

《幼儿园教育指导纲要（试行）》指导下的区域活动应该是幼儿自我学习、自我探索、自我发现、自我完善的过程。区域活动的目的是为了给幼儿提供更多的时间和空间，让幼儿依靠自身的能力，通过对各种材料的摆弄、操作去感知、思考，寻求问题的答案。但现阶段有的班级存在活动材料更新缺少新意，幼儿与材料的互动性不足，教师指导和跟进不精准等问题，基于此，教师在思想上和心理上对于区域活动的开展会存在自我价值感的缺失。

活动宗旨

随着幼儿园改革的进行，我们秉承解放教师、放手幼儿的原则，真正把自主还给幼儿。立足于幼儿的需求，打破目标定位的束缚，进而设置幼儿感兴趣的多层次、多方位的区角，从而发展幼儿自主的潜能。根据目前幼儿园现状，以班主任为引领，关注材料的层次化、多功能化，以活动区为载体，融入学习故事和个别化学习的理念和实施方法，开展个别化学习区角活动，让幼儿玩起来，实现幼儿的个人建构与自主发展，同时逐步提升教师的职业素养，提高教师自身的职业幸福感和归属感。

活动目标

1. 从模仿学习入手，让班级幼儿玩起来。

2. 教师多关注材料的多功能化，重视材料在活动区中的功能性和层次性。

3. 开展个别化学习区角活动，让学习活动更适合不同幼儿的个体发展需要和最近发展区，实现幼儿的个人建构与自主发展。

活动时间

2 月 28 日至 6 月 30 日，为期一个学期。

活动地点

会议室、各个教研组教研场所。

参加人员

1. 各组教研组长以及班主任。

2. 班主任带领全体一线教师参与。

活动准备

1. 经验准备：各组教师多关注并分享有关区域活动、学习故事、个别化学习的前沿经验以及内容，丰富自身专业内涵；制订有关活动区的调查问卷，征集大家的困惑和问题。

2. 材料准备：

(1) 教师：借阅书籍，研讨并学习区角活动实例。

(2) 活动现场：每个班级至少设置 6 个区角，其中最少有 2 个区要体现游戏化环境。

3. 场地准备：

(1) 观摩活动：观摩班级在区角准备好相应的活动材料，组织幼儿进行区域活动。

（2）分享活动：根据参与人员准备好相应数量的椅子，电脑连接电子屏幕，准备好发言用的音响设备。

人员安排

1. 引领人：各组教研组长、区域负责人。
2. 其他人员：全体一线教师。

活动程序

（一）日常教研活动

1. 区域小组活动方案研讨。
2. 以各教研组为阵地，进行本年龄段区角活动研讨。
3. 各班进行区角实践推广，注意观察并记录实施中出现的问题和困惑。

（二）分享活动

以组为单位，每组推选一个班级进行区域活动分享。

1. 主持人开场：介绍本次活动参与分享的班级。
2. 由区域负责人按照小、中、大班的顺序进行区域活动经验分享。

分享内容如下：介绍区域环境创设的经验；区域活动开展过程中发现的问题以及解决办法；区域材料投放过程中是怎样关注幼儿与材料的互动的；区域活动中教师的观察和指导怎样实施；目前班级区域活动开展中还存在哪些问题，需要哪些帮助和支持。

3. 领导进行活动总结。

（三）观摩活动

以组为单位，每组推选一个班级进行区域活动观摩。

1. 活动时间：6 月第一周。利用一周时间进行观摩活动。
2. 活动安排：

周一 9：00—10：00：配班组教师观摩总园、实验园开放班级。

周二 9：00—10：00：班主任组教师观摩总园、实验园开放班级。

周三 9：00—10：00：助教组教师观摩总园、实验园开放班级。

（四）以名师讲堂的方式分享个别化学习与区角的整合

活动反馈

（一）参与教师反馈（随机）

本次参与人群为全体教职员工。活动形式为以各组为单位、以班级阵地、以班主任为引领进行。活动方案研讨和活动区域策划组成员由教研组长、区域负责人参加，参与人数10人；区角活动研讨、实践推广、分享、观摩活动由全体班主任参加，参与人数23人；名师讲堂分享活动由全体教师参加。反馈形式以现场访谈为主，被采访人数20人，岗位包括班主任、配班教师、助教教师，收到反馈20份，摘取部分反馈如下：

王老师（工作岗位：班主任；教龄：23年）

幼儿与生俱来就有探究意识，对未知事物充满好奇，我们紧紧抓住幼儿这一心理特点创设了“芝麻开门”活动区，让幼儿在努力完成连环任务的过程中体验探究和成功的乐趣。教师根据所有关于幼小衔接的各项知识技能与能力技能进行整合，做成各种任务卡。幼儿在一次次连环开锁中完成任务，并以此获得不同形式的奖励。一个小小的创意给孩子们带来了乐趣，寓教于乐，看到孩子们乐此不疲地操作，老师也有一种成就感。

李老师（工作岗位：教研组长；教龄：10年）

区域活动是幼儿园活动的一个组成部分，在幼儿成长过程中发挥着重要的作用。在大班“入学准备期”这一特定学习阶段，怎样让环境“说话”，帮助幼儿形成习惯，是我们思考和实践的焦点。在进行班级区域开展中，一方面要落实“入学预备期”的活动目标，另一方面要遵循两个原则：一是游戏环境向学习环境过渡；二是既有衔接的共性，又有班级的个性。力求在游戏性、学习性、童趣性和有序性之间找到一种平衡。一个学期的“我的区域我做主”活动，既提升了班主任的区域创设能力，完善了班级的区域活动，同时带动全体一线教师以此为契机，转变教育观念，把自由和自主还给孩子。

李老师（工作岗位：助教；教龄：2年）

混龄区域活动的开展不是单纯地发展幼儿异龄同伴交往的社会性，在混龄活动区内，材料的选择和投放，以及怎样在发展幼儿社会性的基础上促进其他方面的发展是我们有待解决的问题。

牛老师（工作岗位：配班教师；教龄：13年）

爱朗主题活动作为实验园的一个特色，开展得比较深入，孩子们在每一个主题活动中通过亲身参与与体验都会获得相关的探究经验。我们将孩子们喜欢的区域活动与正在开展的主题活动紧密结合起来，这个过程既使主题活动得到延伸，又丰富了区域活动材料。

胡老师（工作岗位：班主任；教龄：18年）

学习并不一定是游戏，但游戏却一定是学习。让我们共同行走在儿童的游戏之路上。

(二) 观察与分析

1. 活动分析

这次“我的区域我做主”活动，采取以教研组长和区域活动带头人为引领，全体班主任为主体，带动所有一线教师参与，以班级为阵地，全体教师走向班级、走近幼儿，开展接地气的教研活动，真正解决了区域活动开展过程中发现的问题。不论是引领者、班主任还是其他岗位教师，都有不同程度地成长和提高，全体参与人员的价值感和工作使命感都有了不同程度地提升。

本次“我的区域我做主”活动，前期准备工作比较充分，学期末的策划以及假期布置的读书任务都为开学后的工作开展打下了坚实的基础。

以组为单位、以班级为阵地、以班主任为引领的形式有利于活动的有效开展。首先，以组为单位，人员比较集中，有利于开展小组教研，切实解决本年龄段幼儿在区域活动中出现的共性问题。其次，以班级为阵地，在开展活动的同时研究区域活动，丰富和完善班级区域活动的过程，理论联系实际更容易出效果。最后，以班主任为引领，班主任在亲身参与的同时，带动班级中的两位老师发现班级区域活动中的问题，开展有针对性的小教研，进而激发班主任的担当意识，发挥班主任的主观能动性和示范引领作用，有利于提升全体教师的专业水平。

一个学期的“我的区域我做主”活动，切实从幼儿出发，立足于幼儿的需求，以个别化学习——区角活动的形式，通过材料与幼儿的有效互动，实现了幼儿的个人建构与自主发展。一个学期中，幼儿真正地玩了起来，体验到自主和自由；老师真正地解放出来，成为“背景”，提升了全体教师的职业幸福感。

2. 活动建议

(1) 在活动前开展一次说明会，对全体教师说明活动开展的目的、意义、实施方案，让全体一线教师都熟知本次活动，激发教师参与的热情。

(2) 在观摩活动中，尽量增加开放班级的数量，一方面给更多班级展示的机会，另一方面结合展示活动，针对各班亮点和不足进行现场研讨，帮助班级切实解决问题，效果会更好。

(3) 收集汇编适合各年龄段开展的区域活动，形成园本特色。

活动 3：90 后青年教师才艺大赛（小组活动）

活动背景

随着幼儿园规模的扩大，越来越多的 90 后年轻人加入了我们的师资队伍，

90 后的她们，像一阵新崛起的飓风，热情奔放，充满激情和活力。90 后的她们，雷厉风行，做事富有创造力和想象力。但是她们缺少工作经验，缺乏自信，也缺少单独展示自己的平台，未能显示出她们的优势。

孩子们都非常喜欢听故事。故事像一只神鸟，张开彩色的翅膀，载着孩子们飞向广阔、新鲜而神奇的天地。所以给孩子讲故事是幼儿教师必须掌握的一项基本技能。

通过“微课”中的教学实录片段，可以考核、评价年轻教师的教学设计能力、课堂教学能力及现代教学技术的应用能力，并通过比赛，进一步扎实青年教师的教学基本功，促进其专业发展。

活动宗旨

幼儿园的 90 后教师队伍逐渐庞大，为了提高年轻教师的专业素养和水平，激发她们的幼教潜能，提升年轻教师的多媒体技术应用与操作水平及讲故事的技能，幼儿园举行 90 后教师才艺大赛活动。

活动目标

1. 提升年轻教师对多媒体的应用与操作水平。
2. 提高教师讲故事的能力。
3. 促进教师的专业化发展。

活动时间

2017 年 7 月 3 日下午 2：00—4：30。

活动地点

总园多功能厅。

参加人员

全体 90 后教师、园领导评委团。

活动准备

1. 经验准备：教师了解比赛评价标准和活动要求。
2. 材料准备：提前吹好 25 个气球、青春宣言 PPT、微课制作花絮视频。
3. 场地准备：根据活动需要创设适宜的活动环境。

人员安排

活动方案撰写人、主持人、摄像、摄影、活动报道撰写人、梳理教师活动感受人、活动反思与效果分析撰写人各1名。

活动程序

1. 主持人开场。

2. 播放青春宣言PPT。

PPT展示内容：各组90后教师工作照、教师心语（教育感言），全体90后教师集体展示青春风采。

3. 观看微课花絮视频。

视频内容：展示90后利用业余时间制作教学微课的过程，其中包括向有经验的教师学习、请教微课制作软件、组织幼儿拍摄教学视频的片段，以及几位90后教师一起讨论、推敲微课中语言的准确性、科学性等片段。

4. 玩热身小游戏，通过游戏确定参与比赛的顺序。

比赛规则：提前打印好顺序号，粘贴在移动黑板上。游戏时两人一组，背靠背夹住气球。在终点放一个凳子，到终点后将气球放到凳子上，坐爆气球之后，马上去选取参赛序号，速度快者优先。

5. 游戏结束后，预留五分钟，方便一号教师做准备。其他教师坐在观众席，根据各自的序号依次提前五分钟进行准备。

6. 讲故事大赛。

每位90后教师选取一个主题活动中的故事，通过自己对故事的理解，用不同形式进行展示，如PPT演示、头饰展示、情景剧展示等。

7. 故事表演结束，全体参赛教师上场，90后教师读青春宣言。

活动反馈

（一）参与教师反馈（随机）

本次活动的参与人群为全体90后教师。反馈形式以参与教师撰写活动反思为主，每位参与成员都站在自己的视角用心记录了参与此次活动的感受，共收到活动反思15份，反馈人员岗位包括配班教师、保育员教师，摘取部分活动反思如下：

高老师（岗位：配班教师；教龄：6年）

我们这一群90后年轻教师是幸福的，深深地被领导和老师们宠爱着。在才艺大赛中，我真的是收获满满，获得了三个证书，心里激动到不行！我当然不是最优秀的，但有的老师会问："那你怎么拿了三个证书？"我说我真的没有觉得自己多棒，我只是觉得我用心准备了，付出总会有收获。在准备比赛的时候，遇到困难向别的老师请教，我们得到了他们的厚爱，他们毫无保留地告诉我他们的经验。当然园长领导对我们更是偏爱有加，90后的老师被领导们称为"孩子""宝贝"。通过才艺大赛，我们收获的不仅仅是证书，更是领导对我们的爱。我会继续努力加油，用心做好每一件事，不管在哪一个岗位，我都要有一颗积极向上的心，不断进步！

郭老师（岗位：配班教师；教龄：4年）

在这次比赛中，我获得了全能二等奖，虽然心里有获奖的喜悦，但也感到了沉重的压力。这次比赛展示了90后教师的素质和风采，更体现了教师的综合素质。这次比赛让我深刻体会到了"一分耕耘、一分收获"的含义。看到每位90后教师的精彩表现，我们不得不说每个人都做了充分的准备。为了比赛，每个人都竭尽所能。虽然比赛结束了，但比赛过程中有很多难忘的时刻。这次比赛更激发了年轻教师积极进取的创新意识，今后在工作中一定会更加认真努力。

司老师（岗位：配班教师；教龄：2年）

紧张而精彩的"90后青年教师才艺大赛"终于告一段落。园里的领导和老师给予我们很高的评价，当然也对我们有了更多的期许，这么多的鼓励和支持让我的心中多了一份动力和信心。作为90后，我更为自己没有辜负幼儿园的培养而感到高兴，为自己是一个二幼人而自豪。

这次活动让我领略到了二幼年轻教师的风采，同时，我对自身也有了新的认识。我——一个觉得自己根本就不会讲故事的老师，也喜欢上讲故事，也知道通过努力和练习，自己能把故事讲好。我深知，自己讲故事的水平和能力还有待提高，但我也坚信，只要我认真去做，总有一天，我的故事也会讲得很精彩。有很多事，我们想象着可能会很难，但只要你愿意试一试，你就会发现，很多时候，是我们的恐惧让我们不敢向前走，只要勇敢地打破恐惧，所有的难题都可能迎刃而解。

白老师（岗位：配班教师；教龄：1年）

这次大赛让我成长了许多，对于微课的制作也更加熟练了，不仅掌握了制作幻灯片的方法，而且会用更多的软件，如会声会影。在讲故事方面，我在语气、表演方面有了很大的进步。在准备的过程中，我们大家相互帮助，你攀我比的学习精神以及强烈的集体荣誉感令我动容。我坚信，只有通过努力才能获得成功。这种信念将一直伴随着我越飞越高。

赵老师（岗位：保育员教师；教龄：4 年）

一个好故事能增强你的影响力。然而，讲故事和任何其他的艺术一样，可以做得很好，也能表现得很糟。能否讲出一个好的故事，最重要的不是讲的内容，而是表达的方式。你的故事不只是透过字句表达出来，还包括你的语调、手势、身体以及姿态。因此我们讲故事时，要注意以下几方面：

首先是手势。对大多数人而言，越细微的手势越有说服力。适当地使用手势能为你的故事增色，但手势的感觉和样子必须自然，否则它反而会成为干扰。

其次是停顿。适当的语速能改变你故事的意义，沉默的语言和时间节奏的掌握，可以产生超越口语的力量。有时候无声胜有声，停顿让你有时间思考并处理你的故事，时间、节奏掌握得越好，越能激起他人的兴趣。

最后是面部表情。语言是交流和沟通的工具，你可以在转瞬间传达情感内容。如果你的面部表情不能说服自己，自然无法说服别人。我们试着观察自己的面部表情，培养有意识地使用表情，因为你的表情会有意或无意地成为故事的情感沟通工具。老师讲故事不是普通地对着书念故事，而是绘声绘色地讲述，注意对每个不同情节描述的语气，必要时加上体态、手势、表情和眼神。教师“夸张”的表演将孩子带入童话故事的情节中，让孩子有身临其境的感觉，用丰富的语言影响着他们那颗爱幻想的心灵。孩子的模仿能力很强，观看、聆听老师讲故事的同时，会将词汇、句子、夸张的表情及有趣的故事情节铭记于心，然后在不经意间表现出来。

喜欢听故事是孩子的天性，在此基础上，指导幼儿学会讲故事，不仅能发展他们的口语表达能力，还可以提高孩子的智力，丰富孩子的知识，培养他们对文学作品的兴趣，加强在众人面前表演的自信心。

辛老师（岗位：保育员教师；教龄：3 年）

这次才艺大赛活动不仅展现了教师们的聪明才智，还激发了教师们相互学习的积极性，同时增强了教师们的自信心。老师们在自己的岗位上挥洒才智、尽显才能，不仅展示了教师个人的风采，而且展示和提升了幼儿园教师队伍的整体综合素质。

比赛在热烈的掌声中落下帷幕，不管有没有名次，今天的展示都让大家重新认识了你。每个人都有特长，都是独特的，能站在这个舞台展现自己，你就成功了。当然，在这次比赛中，我学到了很多，我也让大家对我有了新的看法，很高兴能展示自己。

王老师（岗位：保育员教师；教龄：1年）

在历时半天的竞技表演中，从15位老师的故事表演中，我们欣喜地看到老师们精彩的表现，同时也看到90后教师的热情。我有幸参加此次活动，并欣赏了参赛老师的精彩表演。从活动中我学到了很多，也实实在在地发现了自己的不足。

通过这次活动，我感到当一名幼儿教师很不容易。要取长补短完善自己，还有很长的进修之路要走。我们需要提高各方面的能力，需要更好地把握孩子们的喜好，学习新的教育教学理念，掌握更多的知识，不断地充实自己，通过自身素养的提高带动孩子们，给孩子们带来更加精彩的故事和课堂气氛。在今后的教学工作中，我将转变教育理念和教学方法，积极思考，精心设计，让幼儿快乐地学习。

（二）观察与分析

本次“90后青年教师才艺大赛”活动呈现出微课的多样性以及讲述故事的多样性，通过多媒体与故事的结合，提升了教师讲故事的趣味性；通过丰富多彩的材料，展示了教师的创造性；通过现场互动和良好的语言表达，展示了青年教师的亲和力和胆量，增强了他们的价值感和公平感。

1. 活动分析

（1）活动流程一目了然，活动设计新颖活泼。本次活动小组策划成员共4人，大家分工明确，各司其职，在不断地商讨和修改下，设计出大体框架，逐渐理清思路。随着时间的临近，经过一次次的头脑风暴，活动方案也越来越充实。为丰富活动内容，将微课制作花絮做成小视频，展示90后认真准备大赛的精彩瞬间；为了丰富活动形式，通过游戏来决定大赛的比赛顺序，活跃现场气氛；为了大赛顺利进行，比赛中所需的道具、PPT课件、音乐等提前准备到位。

（2）参赛选手准备充分，讲故事的方式花样百出。一号选手毛老师，不仅做了头饰，还请其他教师作为助演；赵老师画了两幅画并拼接成一件可爱的衣服，穿在身上讲故事；曹老师做了PPT课件，配着动听的音乐讲述她的故事；牛老师与评委互动频繁，生动有趣……大家都尽力做最好的自己，不留任何遗憾。

（3）活动结束，大家感受颇多。活动结束后，大家谦虚地表示自己的表现都不够理想，对这次大赛也有很多的感触。如司老师觉得通过参加大赛，自己从不会讲故事变成爱上讲故事；辛老师觉得自己不管有没有获奖，都参与在其中，乐在其中；佟老师很清楚地分析了自己的优缺点，并明确了今后努力的方向。

每一个人都在活动中发挥了自己的光和热，大家觉得能充分感受到前辈们的关爱和认同，能体会到同事及领导的重视和尊重。通过比赛，老师们也感受到自身的价值，增强了自信心，大家在一个公平的竞争平台快速地成长，并将这些收获转化成工作的动力以及使命。

2. 不足和建议

（1）没有将微课比赛和讲故事比赛结合起来，使得比赛过程过于简化。

（2）场地布置应该凸显仪式感。

（3）建议尽可能多地开展类似活动，如优质课大赛、说课大赛、五大技能大赛等活动。不断开拓教师的眼界，增加知识，拓展教学方式的多样性。

活动 4：书香润泽心灵　阅读促进成长（集体活动）

活动背景

当今知识更新太快，对于教师的生存和发展来说，要适应这种变化，必然要读书，还要学会读书。幼儿园紧跟时代步伐，在本学期着重打造爱的教育，让幼儿、教师、家长在爱的氛围中“和爱一起长大”。但是很多教师和家长不能正确识别幼儿在成长中的需求，不清楚怎样做才是真正的爱，进而不能更好地支持幼儿的学习和发展，特设计本次活动。

活动宗旨

新学期，幼儿园开始大力实施教改，摒弃原来不科学的教育理念和方法，使用更科学的教育理念和方法，以期培养更加自主、有力量、身心健康的儿童。而《爱与自由》《正面管教》这两本书将成为我们重要的理论和方法依据。为了更好地领会这两本教育经典的精神，从而指导教改，本学期以组为单位，采用共同研读的方式，深入细致地开展共读这两本书的活动，发挥阅读专业书籍在教育教学中的作用。

活动目标

1. 通过读书帮助老师爱上读书，感受读书的乐趣。
2. 进一步转变教育理念，掌握科学的教育方法。
3. 学以致用，有效指导教育教学及班级管理。

活动时间

1. 班主任集体阅读时间：每周四上午 9：30—11：00。

2. 配班集体阅读时间：每周三上午 9：30—11：00。

3. 助教集体阅读时间：每周五上午 9：30—11：00。

活动地点

教师备课室。

参加人员

全体教师。

活动准备

1. 经验准备：

（1）每组两个领读人，领读人提前熟读两本书，提前梳理每个章节的知识点。

（2）教师们利用假期时间提前预读。

（3）领读人在每次读书前告知教师本周带读的书目和内容。

2. 材料准备：《爱和自由》《正面管教》每人 1 本。

3. 场地准备：每位教师 1 把椅子，围圈坐。

人员安排

成立读书引领小组，成员为保教干事带领的班主任组、教研组长带领的配班组、助教组长带领的助教组，每组引领人各 2 名。

活动程序

1. 学期初召开读书引领小组会议，制订本学期读书计划。

2. 把读书计划表张贴在教师备课室，并在每周五下午 5 点，利用幼儿园微信群向所有教师提前公告下周的带读书目和带读章节。

3. 教师们利用课余时间提前预读。

4. 采取大家分段领读、小组研读、情境体验等多种方式进行学习。

5. 一个章节读完，采取不同方式进行讨论分享。

（1）领读人抛出问题，集体讨论。

（2）通过学习本章节，联系自己的工作实际，分享自己的体会和感受。

（3）通过学习本章节，提出自己的问题和困惑。

6. 领读人总结提升。

活动反馈

（一）参与教师反馈（随机）

本次活动的参与人群为全体教师。活动分三组进行：第一组由保教干事带领班主任组教师在每周二、四读书；第二组由教研组长带领配班组教师在每周一、三读书；第三组由助教组组长带领助教组教师在每周五读书。反馈形式以现场访谈为主，被采访人数 10 人，岗位包括班主任、配班教师、助教老师，收到反馈 10 份，摘取部分反馈如下：

商老师（工作岗位：助教；教龄：20 年）

读完《爱和自由》一书后，我的收获很大，虽然不能够总结出什么条理清晰的内容，但是在工作实践中能够将其理念应用到班级中，尤其是对教师语言的“简”感悟很深。

王老师（工作岗位：班主任；教龄：25 年）

读完《正面管教》一书后，我的收获很大，其中的工具都能够应用到班级管理中，如围圈、问与告诉等。同时，我感觉读书过程中的体验游戏非常好，有助于更好地理解书中的内容。

王老师（工作岗位：配班；教龄：10 年）

带领读书的方式很好，有助于帮助教师提升经验，同时大家智慧的碰撞也是一种滋养。

（二）观察与分析

1. 活动分析

这次读书活动由保教干事、教研组长、助教组长引领一线教师，读一线教师最需要的课改书目，能让教师们尽快转变理念，提升专业水平，更好地服务于我们的孩子。

本次活动采取领读的方式，领读人抛出问题让大家共同讨论，人人发言，帮助大家理解书中的内容，同时通过解读一些班级小案例，让大家找到共鸣，获得教育经验，做到经验共享。《正面管教》一书还采用体验式读书的方式，让大家在互动游戏中体验得更加深刻。读书活动有助于大家放松心情、提升理念，以更好的状态投入工作。

通过读书活动，每位教师对幼儿园课改的认识都更加深刻，让我们的课改不止浮于表面，而是真正内化于每个人的内心，让教师们的理念和行动能够尽快同步，对提升教师们的专业水平有很大的促进作用。同时教师们自身的价值感和使命感也有所提升。

2. 活动建议

（1）保证读书时间，每周两次。

（2）读书的速度放慢，让大家更加深刻地理解书中的内容。

（3）有些书可以进行二次精读。

（4）继续挖掘书中的精髓，可把班级案例录成小视频，现场讨论、分析、解读。

活动5：名师讲堂实施方案（集体活动）

活动背景

幼儿园的教师队伍不断扩大，教师对专业成长的需求不断增加。教师们渴望投入幸福教育，即通过自身专业的教育引领，不但可以满足并支持孩子的发展需要，还能够做到轻松、高质量地教学。目前教师专业成长面临的问题是专业知识的吸收量小、教学一线面临的困惑或问题解决策略少、教育活动实施的专业性差。

活动宗旨

为提升名师工作室成员的专业水平和自身的存在感、价值感，发挥名师的引领、示范作用，带动、引领幼儿园其他一线教师提升专业水平，每学期定期由工作室教师进行“名师讲堂”活动，推广名师工作室的教育理念和教学艺术，从而进一步扩大名师的影响力。

活动目标

1. 增强主讲人自信心。
2. 促进幼儿园全体教师专业水平的提高。

活动时间

每月第四周的周五下午3：30—5：30。

活动地点

幼儿园音体室。

参加人员

全体教师。

活动准备

1. 经验准备：主讲人根据自己的培训资料，结合我园教师现有水平及自身现有水平提炼准备内容。

2. 材料准备：主讲人根据自己学习的内容准备讲稿，主持人准备串词，活动中所需的 PPT、音乐、视频及其他材料。

3. 场地准备：标语、电子屏幕，场地的桌椅摆放轻松舒服。

人员安排

1. 主持人：负责活动整体安排、撰写主持词、准备活动音乐。

2. 其他工作人员需要：记录员、摄影、摄像、音响、电子屏调试、场地准备、撰写报道、资料整理各 1 人。

活动程序

（一）主持人开场

主持人介绍活动内容及主讲教师。

（二）团队游戏

根据本次活动的主题设计开场游戏或以放松身心为主的热身游戏。

1. 抓手指游戏。

（1）音乐准备：奥尔夫音乐《拍蚊子》。

（2）游戏玩法：

①所有参加人员围成一圈或几排，两两间距 30 厘米左右；

②每个人将左手手掌朝下并伸向左前方，伸出右手食指，朝上点在右侧人员伸出的左手掌心中，食指必须接触到掌心；

③播放音乐，当音乐出现重拍时，需要迅速地用左手抓住左侧人员的食指，同时也要迅速地将自己的右手食指缩回，不要被右侧的人抓住。

抓手指游戏可以让所有人员注意力高度集中，能让大家更快地进入培训中来。

2. 奥尔夫律动《匹诺曹愿做真孩子》。

3. 数七游戏。

（1）环境准备：所有人员按组分桌坐。

（2）游戏规则：从任意一人开始数数，1、2、3……这样数下去，每逢数到 7 的倍数（7、14、21……）和含有 7 的数字（17、27……）时必须以敲桌子代替。如果出错了，就重新开始游戏。

（三）主讲教师采用不同形式开展本期名师讲堂活动

1. 互动提问式；
2. 案例分享式；
3. 情境再现式；
4. 小组研讨、分享式；
5. 专题讲座式。

（四）分享活动收获

1. 现场采访；
2. 调查问卷；
3. 教师随笔；
4. 小组分享交流。

（五）主持人总结并进行梳理提升

活动反馈

（一）参与教师感受（随机）

本次活动的参与人员为全体一线教师，活动形式为集体学习，每场参与人数都能达到全体教师人数的99%以上。反馈形式以现场采访为主，被采访人数10人，岗位包括班主任、配班教师、助教教师，收到反馈10份，摘取部分反馈如下：

1. 主讲教师反馈

赵老师（工作岗位：实验园教研组长；教龄：17年）

通过承担这次讲座任务，我不仅回顾了学过的专业知识，而且为自己的成长掀开了新的一页，感谢幼儿园给予的展示平台，我会更加努力，积累更多的经验，有机会做更多的分享，促进自己的成长。

梁老师（工作岗位：总园小班组教研组长；教龄：17年）

自己在业余时间一遍遍品味教授们的讲解，让我学到的知识不断得到内化；在领衔人的帮助下一次次修改讲稿，使我领悟到“认真”二字的含义，当我站在名师讲堂的讲台上和大家分享和交流时，我实现了自我价值。

司老师（工作岗位：班主任；教龄：10年）

感谢领导给我这次学习和展示的机会，给我勇气和动力去挑战自己。还有给予我指导帮助的老师们，正是你们的鼓励和毫无保留地指导，使我信心倍增，我明白要尽自己最大的努力上好课，这样才不辜负你们对我的指导。

2. 参与教师反馈

王老师（工作岗位：班主任；教龄：12 年）

通过这次名师讲堂活动，我觉得好多东西是我们迫切需要的，有不少值得我学习的知识，也为我今后的工作打开了思路。同时，讲课的名师准备得非常充分，进入名师工作室是我努力的方向。

白老师（工作岗位：助教老师；教龄：3 年）

这次名师讲堂的内容很接地气，从一线教师急需解决的问题入手，指出了区域活动中存在的问题，提出了解决问题的途径与方法，我觉得非常受益。

李老师（工作岗位：配班教师；教龄：8 年）

非常感谢各位名师工作室成员能把专家的讲座原汁原味地带到我们身边。通过这次活动，我收获很大。这学期我承担班级的区域活动，而这次讲堂活动正是我最需要的，给了我很大的启发。特别是在区域材料的投放和区域指导等方面，都让我有了新的认识。相信我一定能把这次活动的所得运用到平时的工作中，让自己更快地成长起来。

（二）观察与分析

1. 活动分析

2011 年，我园成立了“名师工作室”，吸纳了我园的名师、骨干教师 20 余人。为了提升工作室成员的专业水平和自身的价值感、使命感，带动、提升我园其他一线教师的专业水平，在日常工作中，不同程度地提高他们对园所的认同感，每学期定期由工作室教师开展“名师讲堂”活动。在活动中，由名师、骨干教师做引领，把自己外出培训收获的内容进行梳理分享，在很大程度上促进了我园全体教师专业水平的发展。这个活动对于主讲人来说是自身价值的体现，有被认可、被肯定的感觉，起到了增强其自信心的作用，她们在做准备的同时，也是其自身内化吸收知识的过程。对于听讲座的教师来说，这是很好的专业学习机会，有助于丰富他们的知识和技能，用以指导他们的日常活动，增加他们的职业幸福感。

2. 活动建议

（1）由于主讲人水平不一，内容广泛，所以有时并不能满足所有教师的最近发展区。可根据不同内容设置不同的听讲人群，做到更有针对性地学习与提升。

（2）改进“讲—听”这种单一的教研模式，让大家在碰撞中学习，效果会更好。

活动6：讲师团外出讲座活动（小组活动）

活动背景

幼儿园辐射多个乡镇园所及市区幼教学校，每年园所都会接待若干批实习、见习教师，在多次来园观摩学习及反馈活动中，所辐射地点更希望在现场得到各种专业活动的指导和引领。面对这样的情况和需求，也为了更好、更系统、更深入地传递专业知识和经验，幼儿园着力推出一支出色的名师工作室讲师团队，主要负责外出辅导活动。

活动宗旨

发挥幼儿园名师工作室成员的辐射带动作用，通过走进涿州市职教中心、保定幼专，对学前教育专业的学生进行接地气的讲座，加强学生对学前教育工作的认识与了解。

活动目标

1. 为在校学生传递一线工作的实践经验，理论联系实际。
2. 帮助学生更好地适应未来的工作岗位。

活动时间

2018年3—6月。

参加人员

名师团队核心成员。

活动地点

职教中心多功能室。

活动准备

1. 经验准备：熟悉讲座内容的相关知识，通读讲稿。
2. 材料准备：电脑、PPT、音乐、录像机、照相机。
3. 场地准备：打好电子屏标题，接好发言的音响设备。

人员安排

举例说明

讲课教师	主 题	具体时间
张老师	幼儿园安全工作解读	3月28日晚上7：00—8：30
赵老师	幼儿一日安全细则	4月11日晚上7：00—8：30
赵老师	幼儿园教育活动设计	4月18日晚上7：00—8：30
张老师	幼儿园教育活动设计	4月25日晚上7：00—8：30
张老师	幼儿园体能游戏	5月9日晚上7：00—8：30
张老师	幼儿园环境创设	5月16日晚上7：00—8：30
张老师	相信儿童、聚焦学习	5月23日晚上7：00—8：30
赵老师	相信儿童、聚焦学习	5月30日晚上7：00—8：30
卢老师	幼儿园家长沟通方式及策略	6月6日晚上7：00—8：30
张老师	幼儿园家长工作	6月13日晚上7：00—8：30

活动程序

（一）主持人开场

主持人介绍活动内容及主讲教师。

（二）主讲教师采用不同的形式开展讲堂活动

1. 互动提问式；
2. 案例分享式；
3. 情境再现式；
4. 小组研讨、分享式；
5. 专题讲座式。

（三）学生分享活动收获

1. 现场采访；
2. 调查问卷；
3. 学生随笔；
4. 小组分享交流。

（四）主持人总结提升

活动反馈

（一）参与教师、学生反馈（随机）

参加本次活动的教师为名师团队核心人员 6 人，反馈形式为活动随笔或活动心得，收到反馈 6 份。参加本次活动的学生为全体学前教育专业二年级的学生，活动形式为集体学习。为了进一步了解讲座内容的时效性，我们以问卷调查的形式向教师和全体学前教育专业二年级的学生分发了调查问卷，共收到反馈 120 余份，摘取部分教师和学生的反馈如下：

赵老师（工作岗位：实验园教研组长；教龄：17 年）

本次讲的是安全内容，自己在组稿的同时，又回顾了保证幼儿园一日各环节安全的具体做法，对自己起到了提示作用。结合《幼儿园教师专业标准（试行）》对幼儿教师的要求，从心理安全和实际操作安全两方面做了阐述，使听课的幼师生感受到安全工作的重要性，树立了安全意识，并了解了具体做法，大家的反应具有实效性。

张老师（工作岗位：大石桥分园负责人；教龄：20 年）

很荣幸能够走进职教给十几岁的孩子们讲课，这使我有了和幼儿、家长接触完全不一样的体会。这些孩子们正值青春叛逆期，稍不如意就会在课堂上看手机、睡大觉，怎样吸引他们的注意力，让他们参与到学习中来，一直是我苦思冥想的内容，也让我更加明确一个好老师的目标应该是让学生学到本领，而不是完成自己的教学任务，也深刻理解了“教书匠”与“专家型教师”的区别，而价值感就在这深深的体悟中、在学生的反馈中油然而生。

学生 1：老师讲得很全面，喜欢，也懂了好多。

学生 2：老师讲得非常好，很生动，特别吸引同学的注意力，很具体，便于以后工作。

学生 3：这次讲座我听得很认真，感觉这位老师讲得非常好，我收获了很多东西。

学生 4：讲座使我知道自己掌握的知识还远远不够，我还需要加强学习，还让我了解到一些在幼儿园中会发生的问题。

（二）观察与分析

1. 活动分析

在历时四个月的活动中，从活动策划到讲说内容的敲定，无一不感受到教师们对本次活动积极、热情的态度：经常看到教师为了活动中的某个环节反复揣摩；也会看到教师在活动后脸上洋溢着的自信和幸福的笑容……此次活动，名师工作室的核心成员一直在背后默默地付出与享受。这一活动让参与者看到了自己身上的能力，他们在准备和讲课的过程中又有了提高。与此同时，他们自身的价值感倍增。每当对某一环节产生困惑时，核心成员都会在一起商讨，大家的归属感倍增。

2. 成功之处

（1）开展名师外出讲座活动，在准备讲稿的过程中，可以激励名师的求知欲，锻炼自己，使自身得到更多的成长。

（2）发挥二幼名师工作室的带动辐射作用，让学生们对即将从事的幼儿教育工作有所了解，学到更多的实践经验。

3. 不足之处

讲师团在讲座内容的选择上过多注重幼儿园实际工作的内容，考虑学前教育学生目前的需求较少。

4. 开展建议

（1）讲师团在讲座内容的选择上不仅要注重幼儿园的实际工作内容，而且要多考虑学生目前需求的内容。

（2）每位讲师应多征集学生们听课后的收获与感受，改进教学方法或内容。

活动 7：最美班主任经验交流活动（集体活动）

活动背景

幼儿园班主任教师都有丰富的带班经验，凸显着自己班级管理和教育发展的特长，但是相互间欠缺交流学习的平台。为了集结和发扬班主任的专业带班经验，促进园所整体班级的共同发展与进步，幼儿园特量身定制以下活动方案，支持和打造班主任教师们的带班能力。

活动宗旨

专业分享、互通你我、以点带面、共同进步。

活动目标

1. 提高班主任教师在同行中的工作认同度。

2. 通过分享班主任教师的带班经验，提高教师的带班能力。

活动时间

学期中或学期末。

活动地点

教研室。

参加人员

各年级组全体教师。

活动准备

1. 经验准备：提前收集教师在带班中遇到的困惑和出现的问题，有针对性地邀请班主任进行经验分享和交流。

2. 材料准备：做分享的班主任提前做好 PPT 或梳理好分享内容，准备若干小纸条，故事分享 PPT，音乐。

3. 场地准备：按照活动的流程和内容提前摆好场地桌椅（U 形或“回”字形）；在电子屏幕上打上活动标题。

人员安排

主持人、摄影、记录员、摄像、报道各 1 人。

活动程序

1. 主持人开场。

（例）大家好！欢迎大家来到“班主任经验分享活动”的大班分会场！大家都知道，一个班级是否和谐、积极向上，是否能够促进孩子们更快更好地发展，与班主任的带班水平息息相关，因为班主任领导班级的能力直接影响到班级的各项活动，包括家长工作的开展。而今天我更想说的是，每个班主任都有自己的特长，都积累了一定的宝贵经验，如果我们都能以一颗谦虚的心在这里互相学习，相信今天在座的每位老师都能获得成长，不虚此行。

2. 班主任分享环节。

邀请几位经验丰富的班主任分享本班工作经验。

3. 互动交流（答疑解惑）。

在座教师可以自由向做分享的班主任提问。

4. 故事分享。

一日生活中蕴藏着巨大的教育价值，但这只是提供了一种可能性，如果不下功夫，这一价值是不可能自然实现的。教师能否敏锐地发现、合理地利用这些价值，能利用到何种程度，与教师的专业水平密切相关。分享《三轮车的故事》。（见《3～6 岁儿童学习与发展指南》解读第 224 页）

活动反馈

（一）参与教师反馈（随机）

本次活动采取分年龄组进行的方式。本活动案例以大班组活动为例。通过随机观察发现，在教师进行经验分享时，聆听者都很认真地做笔记，呈现出积极的学习状态。以下摘取几位教师的反馈：

王老师（工作岗位：班主任；教龄：24 年）

今天，有这个机会把我的带班经验跟大家进行分享，我觉得我是在帮助年轻的班主任快速成长，让她们少走弯路。同时我也有带班的困惑，今天也拿出来向大家讨教，大家也都纷纷给出自己的见解，我更感激。我觉得我们是一个互助的团队，在这样的团队里工作是快乐的、幸福的。

李老师（工作岗位：班主任；教龄：7 年）

今天和大班组其他的姐妹在一起分享班级管理经验，其实我很惭愧，因为我还是个年轻的班主任，很多经验不如老教师。但是，我依然很用心地整理了我的方式、方法，把我认为值得推广的内容与大家进行分享。我得到了大家的肯定和鼓励，我觉得我肯定能做得更好！

高老师（工作岗位：班主任；教龄：10 年）

作为聆听者，我收获很大。进行分享的几位老师有很好的带班经验，我觉得有些经验我能拿来就用，这样可以避免走弯路。多举办几次这样的活动，对我们大家都有帮助。我觉得我不是在孤军奋战，有姐妹们的帮助，我会成长得更快！

张老师（工作岗位：班主任；教龄：15 年）

现在我们打破了多年以前自己带自己的班，有好的方法不肯告诉别人的状态。任何活动以及班级工作都放到教研时间里进行分享研讨，这使我更加感受到“团队”这个词的意义，团队就像家一样，互相温暖，互相帮助。

（二）观察与分析

1. 活动分析

在此次活动中，几名班主任通过实际案例对自己在教育教学工作中的反思、收获进行了分析展示。对于展示教师，这一活动使她们收获了同事对自己工作的认同，在一定程度上提升了自己的自信心，并在讨论中了解到自己的不足，真正使自己的经验转化为实际的价值，为今后班主任工作的开展又点亮了一盏灯。对于参与教师，这一活动最大的意义在于“取人之长，补己之短”，即通过其他教师的经验来弥补自己工作中的不足，而自己的经验也是他人的教科书，这令她们赋予了工作又一深层次的意义，增加了来源于内心的工作使命感，更对内心价值感的形成有所促进。

2. 活动建议

(1) 控制每位教师发言的时长，以免导致活动时间过长或发言人员减少，影响活动预期效果。

(2) 可在会前的日常工作中，着重收集各个班主任的经验，为今后的教学工作提供服务。

(3) 在活动中，班主任分享结束后，倾听者可以分享自己的经验，共同进步，达到事半功倍的效果。

活动8：正面管教培训活动（集体活动）

活动背景

目前教师与幼儿、家长的关系及教师个人家庭存在各种问题，容易出现习惯指责、命令式的自动化表达方式等现象，因此教师在组织教育教学、家长工作，甚至在自身的家庭生活中，想改变当前现状，但是却没有很好的抓手和解决问题的落地方法，致使教师备受煎熬，无法感受到工作、生活的轻松愉悦和幸福感。

活动宗旨

针对以上现状，特引入“正面管教”课程，目的是通过体验式学习，用具有强烈吸引力、相互支持的方式帮助教师不仅仅用头脑学习，而且通过心灵去体验，帮助教师透过孩子的眼睛看世界，提高教师的教学管理质量，更新育儿理念，最终达到影响孩子、引领家长、幸福自己的目的。

活动目标

1. 转变教师理念，促进教师专业成长。

2. 学习有效沟通，改善教师人际关系。

3. 提升教师的价值感和幸福感。

活动时间

9 月 22 日至 10 月 27 日，为期一个月。

第一次：9 月 22 日下午 3：30—6：30；第二、三次：9 月 30 日下午 1：00—7：00；第四次：10 月 13 日下午 3：30—6：30；第五次：10 月 20 日下午 3：30—6：30；第六次：10 月 27 日下午 3：30—6：30。

活动地点

幼儿园二楼音体室。

参加人员

幼儿园全体教师。

活动准备

1. 经验准备：曾经参与过幼儿园组织的不同活动。

2. 材料准备：1 开牛皮纸、记号笔若干。

3. 场地准备：电子屏幕“正面管教培训”，参会人员围坐，接好发言的音响设备。

人员安排

1. 主持人：保教主任。

2. 其他工作人员需求：摄影、摄像、记录、电子屏幕调试、场地准备、撰写报道、资料整理各 1 人。

活动程序

1. 主持人开场，带领大家做冥想活动。

（1）开场：主持人介绍主讲人。

（2）冥想：播放轻柔、舒缓的音乐，所有教师选择自己最舒服的姿势，闭目准备。主持人用轻柔的引导语带领全体教师冥想。

2. 主讲人开始培训。

（1）志同道合，面对挑战；　　（2）正面管教，和善坚定；

（3）表达愤怒，安全释放；　　（4）有效沟通，积极暂停；

(5) 了解孩子，破解密码；(6) 背后信念，错误目的；
(7) 了解自己，尊重差异；(8) 设立惯例，自主独立；
(9) 关注优点，及时鼓励；(10) 召开班会，解决问题；
(11) 目标承诺，勇敢放手；(12) 建立连接，分享总结。

3. 教师参与体验。

选取《正面管教》中的活动案例，教师现场再现情境，体验正面管教的力量。

4. 案例分析。

现场教师呈现工作中的案例，主讲人根据《正面管教》的理念予以解答。

5. 随机采访教师感受。

6. 园长总结发言。

活动反馈

(一) 参与教师反馈（随机）

本次活动的参与人员为全体教师，活动形式为互动体验式讲座，反馈形式为问卷调查，向所有一线教师（约 100 人）发出问卷，岗位包括班主任、配班教师、助教老师，因各种原因回收问卷 74 份，其中 5 份问卷因文件破坏无法打开，因此此次访谈最终得到有效问卷 69 份。下面摘取部分调查问卷中的文字反馈如下：

胡老师（工作岗位：班主任；教龄：15 年）

在本次培训中，我认识了正面管教中提到的鼓励和表扬的区别。以前只是认识到，当表扬过多的时候，孩子有可能会骄傲，还可能有更多的负面情况出现，比如有些孩子从小就一直被表扬，以至于长大后一有不顺心的事，就会做出极危险的决定。现在我明白了鼓励和表扬给孩子带来的不同影响，所以今后要有意识地多用鼓励的语言，因为鼓励关注的是努力与提高，而不是成功的结果。鼓励帮助孩子建立长期的自尊和自我驱动，给学生内心以力量，发现学生的闪光点与微小的进步，给予肯定与鼓励后，能使其由负能量的人转为正能量的人。

高老师（工作岗位：配班教师；教龄：10 年）

正面管教的致谢活动、道歉活动和教师帮助教师、情绪管理等方法，增进了我和幼儿、家长、家人之间的感情，当我因为小事和家人致谢的时候，我感到幸福满满。当我对幼儿、自己的孩子的不合作采取和善而坚定的态度时，他们很快妥协了，而且当下次再出现类似情况时，他们改正的速度也明显提高了。另外就是通过头脑风暴，教师互助解决问题，让我感受到团队的力量，团队的温度，团队的和谐。

李老师（工作岗位：配班教师；教龄：9 年）

本次培训，我学到了很多种正面管教的小工具，印象最深的是和某个幼儿之间的“悄悄提醒”，当一名幼儿又一次做了违反纪律的事情时，教师用一个只属于两个人的小动作，让幼儿明白教师在提醒自己，效果很好。另外集体约定效果也很好，授予孩子制订规则的权利。在班级里，我们一起制订了上课约定、走廊活动约定、户外约定等。每当孩子们忘记约定时，教师定时提醒，做出相应动作，孩子们能很快地回应，这时，孩子与教师都有很大的成就感。

肖老师（工作岗位：助教；教龄：26 年）

通过学习正面管教，我更清楚地认识了自己，原来我还可以做得更好。教育孩子不要以“我以为怎么样”去对待对方，而是学会站到对方的角度去思考问题，共同面对困难，这是我期待的师幼关系和母子关系。在家里，面对孩子的成长与变化，其实我们可以更淡定一些，孩子的叛逆是正常的成长过程，无法避免。孩子其实是在寻找存在感、价值感、认同感，在寻找的过程中他们会以各种方式挣脱来自我们的束缚和控制。

黄老师（工作岗位：助教；教龄：3 年）

和善而坚定的态度让我认识到把孩子作为一个独立主体的重要性，和善就是尊重，和善就是要以尊重的态度、行为和言语让幼儿感受到教师理解并接受他的内心感受。坚定，就是教师对原则、规则的坚持，让幼儿感受到教师在教育他的过程中不仅包含着对他的爱，还有原则的坚持。只有这样，才能培养出幼儿的自律和责任感。

（二）观察与分析

1. 活动分析

本次“正面管教”活动邀请正面管教专家冯青枝老师带领大家从理论到实践进行了互动体验式讲座。短短四个多星期的学习实践，大多数教师都体验到“正面管教”的魅力与效果，很有收获和提高。通过问卷反馈可以看出，因个人理解、吸收程度不同，教师们获得了不同程度的成长。本次活动提高了教师的专业素养和水平，提升了大多数教师对幼儿园的认同度及自身的成就感、价值感，所以说这次的正面管教活动是非常成功的。

此次“正面管教”培训活动历时一个月，一线的教师们（各岗位、各年龄层）通过体验式学习更加了解自己、理解幼儿，提升了教育理念，理解了更多的教育规律，学到了很多实用的教育方法、沟通方式，以及认识并管理自己情绪的方法等。并且每位教师通过在生活或工作中实践“正面管教”的方法，都收到了不错的效果，切实感受到“正面管教”的魅力。一方面，大多数教师，尤其是责任越大、工龄越长的教师们，都明显提升了对幼儿园的认同度；另一方面，大多数教师都明显提升了自身的价值感与成就感。部分教师虽然没有在问卷中直接回答提高了认同度、成就感和价值感，但处处都流露出对活动的肯定和各种正向积极的快乐情绪，也侧面反映了教师们对幼儿园认同度的提升和自我价值感的提升。

2. 活动建议

虽然此次活动很成功，但教师们也给出了一些建议：

（1）希望能提前告知课程计划，案例解决和分享多一些。

（2）每一次培训后，跟进实践应用的教研分享，能够帮助教师们深刻理解与运用“正面管教”的方法，建议放慢培训的脚步，学习、理解、运用、教研、分享、再运用，这样循环往复，效果会更好些。

（3）可以减少大家容易理解的体验式活动的时间，从而节省时间。

（4）希望增加一些同事之间的交流环节。

（5）将所培训课程的理念方法等总结成详细的文字或课件并呈现出来；活动再细化，安排更充足的时间，让每个人都能亲身参与到每个环节中。

（6）后期可以进一步学习研讨“正面管教”的方法、理念，让教师们更好地将“正面管教”的方法运用于工作与生活中。

（7）可以开展更丰富的和有针对性的关注教工心理健康方面的活动。